KB214687

네 사람

네 사람

초판 발행일 2021년 12월 19일
재판 발행일 2022년 3월 25일

지은이 남무섭
펴낸이 박에스더
펴낸곳 아름다운동행
등록일 2006년 10월 2일 등록번호 제 22-2987호
주소 서울시 서초구 서초중앙로 18(서초동, 서초쌍용플래티넘) 919호
전화 02-523-1502~3 팩스 02-523-1508
홈페이지 www.iwithjesus.com
ISBN 979-11-89155-06-3
총판 비전북 031-907-3927
책값은 뒤표지에 있습니다. 잘못된 책은 바꿔드립니다.

네 사람

남무섭 지음

아름다운동행

“왕이 또 말하여 이르되

내가 보니 결박되지 아니한 네 사람이 불 가운데로 다니는데

상하지도 아니하였고 그 넷째의 모양은 신들의 아들과 같도다 하고”(단 3:25)

열여섯,

중학교 졸업장을 손에 쥔 나는

완행열차를 타고 울면서 서울로 왔다.

그로부터 30년,

미국에서 박사 학위증을 받은 나는

비행기 일등석에 앉아 다시 서울로 왔다.

모두 그분이 하신 일이다!

머리말

면사포 벗은 신부가 고개 드는 마음으로

열여섯에 고향을 떠나 힘들고 외롭게 걸어온 인생길이었다고 생각했다. 하지만 착각이었다. 내 곁에는 언제나 나와 함께 하시며 나를 인도하신 분이 계셨다. 불타는 풀무 속의 사드락과 메삭, 아벳느고에게 찾아와 함께 손잡고 춤추셨던 것처럼….

보잘 것 없고 부끄러운 내 인생길에도 예수님은 찾아 오셨다. 내가 넘어질 때마다 일으켜 세우시고 내 잔이 넘치도록 채우셨다. 그 고맙고 감격스런 지난 일들을 10여년 동안 차곡차곡 모았다. '나 같은 사람이 감히 책이라니…' 하는 생각에 몇 번이나 망설이고 주저했다.

그러나 나를 여기까지 인도하신 그분께 감사하고, 아직 그분을 제대로 모르는 이들에게 소개하고 싶은 마음에 용기를 내었다. 아울러 사역 30주년이라는 의미도 내게 용기를 주었다. 그래도 신부가 면사포를 벗고 처음 고개를 들 듯 부끄러운 심정이다.

혹시 지면을 통해 나의 개인적인 자랑이나 교만한 모습이 나타났다면 그것은 전적으로 모자란 나의 인격과 부족한 표현 탓임을 고백한다. 너그러운 마음으로 이해하시고 용서하시기를 진심으로 바란다. 이 책을 읽는 모든 분께 하나님의 축복이 함께하시기를 기도한다.

2021년 11월

남무섭

감사의 마음을 전하며

부족한 자가 이 자리에 오기까지, 또 이 책을 내기까지 나를 도와준 많은 사람, 많은 고마운 손길에 감사의 마음을 전하고 싶다.

하늘나라 가실 때까지 아들을 위해 기도하셨고 천국에서도 아들을 지켜보며 기뻐하실 어머니 임위관 집사님, 아흔여섯에도 아들 곁을 지켜주시는 아버지 남병식 집사님, 말없이 곁에서 동역해 준 아내 김정숙 사모, 목회를 핑계로 아버지 역할을 제대로 못했음에도 불구하고 잘 성장해 준 아들 호재에게 고마운 마음을 전한다.
그리고 개척한 첫날부터 오늘까지 말없이 온갖 궂은일을 맡아 섬기면서도 자랑과 공은 나에게 돌린 동생들과 그 가족들에게 감사를 전한다.

목사를 도와 귀하게 동역해 주신 늘샘교회 부목사님, 전도사님,

동역자들, 장로님들, 안수집사님들, 권사님들, 그리고 부족한 것이 많은 담임목사를 그리스도 예수처럼, 하나님의 천사처럼 대해 주신 우리 모든 늘샘교회 성도님들에게 진심으로 감사드린다. 이분들은 그동안 나의 허물과 실수는 덮어주고 주님의 마음으로 사랑해 주셨다. 나의 공과 자랑은 모두 이분들의 몫임을 고백한다.

이 책이 나오기까지 수고해 주시고 부족한 자와의 소중한 인연을 마음에 담고 지금까지 사랑을 나누고 있는 청현재이 대표 임동규 장로님, 그리고 이 책을 출판해 준 아름다운동행에 진심으로 감사드린다.

여기에 다 열거할 수는 없지만 여러 가지 형태와 모양으로 나의 지난 삶에 도움의 손길을 베풀어 준 수많은 분들에게 이 지면을 통해 고맙고 감사했다는 말씀을 전하고 싶다.

남무섭

인생길에서 만난
소중한 인연

"임 집사님, 제자훈련 받아야 해! 내가 옥한흠 목사님이 진행하는 제자훈련 지도자 세미나에 참석하고 있는데, 평신도 사역자들이 반드시 받아야 할 훈련이야. 임 집사는 꼭 받았으면 좋겠어!"

1994년 어느 날, 남무섭 목사님이 흥분한 목소리로 전화를 했다. 어떻게 보면 목사님과 성도 간에 이뤄질 수 있는 평범한 대화 중 하나일 것이다. 하지만 '말씀 그라피' 사역을 하는 현재의 내 모습을 보면 이것은 분명 성령 하나님의 예비하심이었다.

그 이듬해 늘샘교회 제자훈련 1기가 시작되었다. 하지만 나는 광고회사 창업 준비로 정신이 없어 훈련에 참여하지 못했다. 결국 1년을 미뤄 1996년 늘샘교회 제자훈련 2기로 훈련을 받았다. 그리고 1997년에는 사역훈련까지 받았다. 하나님의 은혜 가운데 두 번의 훈련을 무사히 수료하게 되었다.

기억으로는 당시 제자훈련을 받던 장소는 주로 성도들 가정이었다. 매주 집을 바꿔가며 교육을 진행했다. 남 목사님은 훈련할 때마다 훈련생의 가정을 위해 전심으로 기도해 주셨다. 제자훈련을 통해 평신도 리더를 세우겠다는 열정이 남달랐던 탓에 나의 영과 혼과 육이 완전히 성령님에게 장악 당했다고 느낄 정도로 교육은 강력한 성령의 은사로 진행되었다. 하나님은 남무섭 목사님을 통해 나를 성령의 불로 연단하셨다.

"내가 가는 길을 그가 아시나니 그가 나를 단련하신 후에는 내가 순금같이 되어 나오리라"(욥 23:10).

남 목사님의 그런 열정이 있었기에 우리는 삶이 바쁘고 고단하다는 이유로 나태해질 수가 없었다. 내 신앙을 위해 그토록 열정적으로 가르치는 목사님을 실망하게 만들어서는 안 되겠다는 마음이 절로 들었다. 당연히 훈련생들의 집중도는 대단히 높을 수밖에 없었다.

제자훈련은 평신도인 나에게 신앙적으로 큰 변화를 경험하게 해 주었다. 뿐만 아니라 나 자신에 대해서도 깊이 생각해 볼 수 있는 계기를 마련해 주었다. 그야말로 나의 삶을 송두리째 바꿀 수 있는 전기가 되었다. 너무도 소중한 기회였다. 남 목사님의 각별한 권유가 없었다면, 그래서 제자훈련을 몰랐다면, 나는 여전히 내 잘난 멋에 취해 살고 있을 터였다. 아마도 광고업계에서 생존을 위한 몸부림을 치면서 고단한 삶을 살고 있을 터였다.

그러나 하나님은 남무섭 목사님을 통해 성령의 불로 나를 연단하셨다. 하나님 나라의 소망을 품게 하셨다. 나의 재능은 나의 것이 아니라 하나님 것이요, 오직 하나님을 위해 사용되어야 한다는 것을 깨닫게 하셨다. 그래서 나는 말씀의 은혜를 모든 이들과 함께 나누는 말씀 사역자 '청현재이'가 되었다.

나는 이 모든 것이 하나님의 섭리이고 계획이라 믿는다. 오늘이 있기까지 나의 신앙 훈련을 위해 자신을 내어놓으신 남무섭 목사님께 진심으로 감사의 마음을 전한다. 늘샘교회 30주년을 주님의 이름으로 축복한다.

청현재이 캘리그라피 문화선교회 회장 임동규 장로

차례

제3부

내 인생을 일으켜 세워 주신 분

제4부

내 인생 속에 함께하신 분

제5부

내 인생에 기적을 베푸신 분

프롤로그

눈물의
야간 완행 열차

"아부지, 이제 그만 들어 가이소."
"오야, 그래 잘 가그래이. 서울 가면 빨리 편지하고 몸조심 해래이…."
아버지 눈에 눈물이 비쳤다. 하지만 나는 그 눈빛을 애써 외면하며 돌아섰다. 열여섯, 시골 촌뜨기였던 내게 동대구역은 말 그대로 '다른 세상'이었다. 어마어마하게 큰 건물, 수많은 전등불, 역내 마이크에선 안내 방송이 요란스럽게 들렸고 역사는 오가는 사람들로 분주했다.
어디서 어떻게 기차를 타는지 알 수 없어 함께 개찰을 한 사람들을 무조건 따라갔다. 열차를 타기 위해 지하 계단으로 내려가던 그 길이 어찌나 깊어 보이던지!
한참을 내려가니 사람들이 여기저기 서 있었다. 철길 옆에 서서 기차를 기다렸다. 안내 방송에서 부산발 서울행 기차가 곧 도착한다는 소리가 들렸다. 모두 웅성대며 기차를 기다렸다. 잠시 후, 요란한 굉음을 내며 거대한 괴물 같은 기차가 서서히 그 모습을 드러냈다. 어둠 속에 드러난 기차는 좌우로 열기 가득한 수증기를 뿜어대며 화난 듯 칙칙 거렸다.
나는 어머니가 싸준 보따리를 손에 꼭 쥐고 기차에 올랐다. 보따리 안에 무엇이 있었는지는 기억에 없다. 아마도 서울 가서 입으라고 넣어 준 옷 한두 벌, 기차 안에서 먹으라고 넣어 준 강냉이와 감자 같은 간식이었을 것이다.
나는 자리에 앉아 창밖을 내다보았다. 드디어 기차가 칙칙 소리를 내면서 서서히 움직이기 시작했다. '아, 이제 정말 서울로 가나 보다!' 내가 그동안 말로만 듣고 책으로만 봤던 서울이었다. 그 서울을 향해 기차가 출발하고 있었다. 대구를 벗어나자 휘황찬란했던 도시의 불빛들이 사라졌다. 내 안에서 요동치던 흥분과 긴장들도 서서히 물러났다.
'아, 내가 정말 집을 떠났구나…. 이제 어머니와 아버지 그리고 사랑스러운 동생들을 더 이상 볼 수 없게 되었구나….' 그러자 갑작스런 그리움이 파도처럼 밀려왔다. 기차를 세울 수만 있다면 다시 돌아가고 싶었다. 하지만 그런 내 마음과 상관없이 기차는 전속력으로 서울을 향해 달리고 있었다. '서울 가면 열심히 돈을 벌어 꼭 성공해야지. 그래서 부모 형제가 있는 고향으로 돌아와야지!' 소리 없는 눈물이 뚝뚝 떨어졌다. 서러움이 가슴에 사무쳤다. 그런 나를 지나가는 사람들이 힐끗힐끗 쳐다보았다.

열여섯, 이제 갓 중학교를 졸업한 소년은 그렇게 서울행 야간열차에 몸을 실었다. 그리움과 두려움에 서럽게 울던 그 소년은 하지만 알지 못했다. 그로부터 30년 후 살아계신 하나님이 자신에게 베풀어줄 놀라운 은혜를! 미국 리폼드 신학교(Reformed Theological Seminary, RTS) 목회학 박사학위를 손에 들고 비행기 일등석에 앉아 서울로 돌아오게 하실 줄은! 보잘 것 없고 미천한 자에게 어찌 이리 큰 은혜를 주십니까 하며 감사의 눈물을 쏟게 하실 줄은 정말 꿈에도 생각하지 못했다.

제1부

가난 속에 희망을 찾아가던 어린 시절

그리운 청송의 푸르른 들판

내 고향은 나무 많고 물 맑은 청송이다. 경북 청송군 현동면 거성동 부흥리 123번지가 내가 태어난 곳이다. 옛날부터 청송은 호랑이가 산다고 이름이 날 만큼 산 높고 골이 깊었다. 청송의 특산물은 사과와 고추다. 그래서 거의 모든 밭에는 사과와 고추가 심어져 있다. 가을이 되면 청송의 들판은 탐스런 사과와 고추로 붉게 물든다.

청송의 사과와 고추는 맛 좋기로 유명하다. 청송의 자연 환경이 사과와 고추 재배에 이상적이기 때문이다. 해발 250미터 이상의 산간지대에 연평균 기온은 12.6도다. 일교차가 평균 13.5도에 4~11월 일조량이 1,520시간 이상이다. 따뜻하고 적당한 강수량에 토질도 이상적이어서 천혜의 환경을 갖추고 있다. 그래서 청송의 주민들은 농사밖에 모른다. 부지런하고 순박하게 산다.

내가 기억하는 고향의 맛은 한없이 담백하고 구수하다. 밭에서 딴

오이에 우물물로 냉채를 해 보리밥을 말아먹고, 산에서 뜯어온 나물에 고추장을 비벼 찬물에 말은 밥과 함께 먹는다. 정겹고 그리운 그 맛은 이제는 경험할 수 없는 아련한 추억이 되었다.

나는 청송에서 초등학교와 중학교 시절을 보냈다. 봄이 오면 앞뒤 산이 진달래꽃으로 붉게 물들고, 나는 친구들과 함께 숲을 뒤지며 갓 자란 찔레를 꺾어 먹었다. 여름에는 방과 후 귀가 길에 개울에서 멱을 감고, 집에 돌아오면 지게를 지고 소를 몰아 들판으로 나갔다. 소꼴을 한 짐 베어놓고는 친구들과 어울려 들판에서 뒹굴었다. 가을이면 온 들판이 누렇게 익어 황금빛으로 일렁였다. 또 겨울이면 온 마을이 새하얀 눈으로 덮혀 눈부셨다. 그 모든 풍경은 내 기억 속에 행복한 추억으로 남아있다.

고향과 관련된 또 하나의 기억은 사촌 누나에 관한 것이다. 나보다

세 살이 위였던 사촌 누나는 나와 한마을에서 살았다. 동생이 없었던 누나는 사촌인 나를 친동생처럼 사랑해 주었고 나 역시 사촌 누나를 친누나처럼 따랐다. 누나는 얼굴도 예뻤지만 마음 또한 고왔다. 경제적인 형편과 여자라는 이유로 중학교에 진학하지 못하고 면 소재지에 있는 양장점에서 기술을 배웠다. 솜씨가 좋아 바지를 직접 만들어 입고 다니던 누나는 마을 총각들의 마음을 설레게 했다. 내가 중학교를 졸업하던 해 구정이 지나고 며칠 후였다. 누나가 동네 친구들과 이웃집에서 함께 놀다 큰 화상을 입었다. 호롱불에 부족한 기름을 붓다 그만 불이 옷으로 옮겨 붙었다. 당시 유행하던 털 세터를 입고 있었는데 쉽게 옮겨 붙은 불은 금방 온몸으로 번졌다. 그 자리에는 같은 동네 스무 살 남짓 남녀 예닐곱 명이 함께 놀고 있었는데 당황한 나머지 제대로 대처를 하지 못했다. 허둥대는 사이 불은 누나의 온몸을 휩쌌고 누나는 우물로 뛰어들기 위해 문밖으로 뛰쳐나갔다. 불덩어리가 된 채 뛰어가는 누나를 동네 어른이 발견하고는 이불로 덮어 간신히 불을 껐다. 누나는 정신을 잃었고 온몸은 그야말로 숯 덩어리가 되었다.

누나를 본 큰아버지와 큰어머니는 반쯤 정신을 잃었다. 아버지와 어머니가 누나를 안고 영천 병원으로 갔지만 병원에서 받아 주지 않았다. 할 수 없이 대구에 있는 파티마 병원으로 옮겼다. 파티마 병원에 입원한 누나를 보살피기 위해 아버지와 어머니가 병원에서 함께 생활했다. 고통으로 신음하는 누나를 끌어안고 어머니는 안타까움에 몸부림쳤다. 진물이 나는 누나의 몸을 밤낮으로 닦아주며 간호했다. 일용직이었던 아버지는 낮에는 일을 하고 밤에는 누나의 병간호를 위해 병원에서 지냈다.

중학교를 졸업한 나는 집에서 놀고 있었다. 아버지와 어머니가 모두 대구로 나와 있던 탓에 나도 대구로 나와 일자리를 찾았다. 그러다가 내당동에 있는 작은 공장에 취직했다. 쉬는 날이면 파티마 병원으로 가서 누나를 만나보곤 했다.

그러던 어느 날 누나가 위험한 상태라는 연락을 받았다. 허겁지겁 병원으로 달려갔다. 병실의 문을 열었지만 아무도 없었다. 병실에는 누나가 몇 개월 간 누워 있던 침대만 덩그러니 놓여 있었다. 간호실로 달려갔다.

"우리 누나 어디 갔습니까?"

"그 환자는 더 이상 가망이 없어 앰뷸런스 타고 고향으로 갔습니다."

"……"

병원에 있을 때 누나는 정신이 들면 어머니에게 이렇게 말하곤 했다.

"작은 엄마, 내가 나아서 퇴원하면 작은 집에 가서 살 거야. 작은 엄마 은혜 꼭 갚을게!"

그러면 어머니는 울면서 이렇게 대답했다.

"무슨 소리 하노, 얼른 낫기나 해라. 임순아, 우리 꼭 나아서 집으로 돌아가제이!"

그런 어머니의 정성을 가슴에 담고 누나는 하늘나라로 떠났다. 나는 누나가 누워 있던 침상에 앉자 혼자 서럽게 울다 병원을 나왔다. 누나도 떠나고 아버지와 어머니도 고향으로 돌아갔다. 나만 홀로 대구에 남았다. 쓸쓸한 대구에서 나는 홀로 세상과 부딪치며 성공을 다짐했다.

서럽고 낯선 서울 생활

내가 고향을 떠나 처음 생활했던 곳은 대구 비산동이었다. 오촌 아저씨가 비산동에 살았다. 아저씨는 자녀 교육을 위해 대구로 나왔다. 시골에서 농사 짓다가 자식만은 더 낫게 살게 해야겠다는 생각에 이주했다. 아저씨는 리어카를 끌고 다니며 고물을 주워 팔아 생계를 유지했다. 집은 비산동 산모퉁이에 허름한 시멘트 벽돌 건물이었다. 작은 공부방이 달린 방 하나를 얻어 생활하고 있었는데, 거기에 아저씨 식구 다섯 명과 사촌, 오촌, 외가 식구를 포함해서 다섯 가정 아홉 명이 함께 생활했다. 작은 공부방은 육촌 형이 책상을 놓고 공부방으로 사용했다.

친척 가운데 대구에 사는 사람은 오촌 아저씨뿐이었다. 그래서 친척들은 자녀가 중학교만 마치면 아저씨 집으로 보냈다. 대구에서 취직을 시킬 욕심에 앞뒤 사정 가리지 않고 무리를 했다. 그래도 인정

많은 아저씨와 숙모는 거절하지 못하고 다 받아들였다. 성인 두세 명이 앉으면 꽉 차는 좁은 공간에서 성인 아홉 명이 함께 생활했다. 좀 늦게 들어가는 날이면 구석진 곳에 엉덩이만 붙인 채 잠을 자야 했다. 숙모는 빡빡한 살림에도 아침마다 도시락을 대여섯 개 이상 싸야 했다. 그래도 불편한 기색 없이 그 일을 감당했다.

나는 지금도 구순이 된 숙모를 만날 때마다 고마움을 느낀다. 생각해 보면 그 작은 방에서 어떻게 그 많은 식구가 함께 생활했는지 신기할 뿐이다. 그러나 당시는 아무도 불편하다거나 힘들다는 생각을 하지 못했다. 그저 하루하루가 즐겁고 행복했던 시절이었다. 밤늦게 공장 일을 마치고 깜깜한 비산동 산모퉁이를 돌면 정든 식구들이 곤히 잠들어 있는 집이 보였다. 이따금 들려오는 기차 소리, 푸성귀들이 자라던 비산동의 골목 밭, 개천과 다리, 옹기종기 지어진 작은 기와집들이 정겹고 그립기만 했다. 모두가 가난했지만 꿈을 꾸며 살았다.

그런 비산동에서의 생활은 그리 오래 가지 못했다. 서울에 일할 곳이 있다는 먼 친척의 소개로 열여섯 혈혈단신의 소년은 상경을 결심했다. 동대구에서 출발한 기차는 새벽녘이 되어서야 서울역에 도착했다. 보따리를 챙겨 들고 대합실로 올라왔다. 서울역 광장으로 나오자 전혀 다른 세계가 펼쳐졌다. 여명의 하늘은 희뿌연 안개가 채 가시지 않은 상태였다. 수많은 사람이 분주히 오고 가고 자동차들은 경적을 울리며 지나갔다. 길 건너편에는 수많은 빌딩이 숲처럼 빽빽했다. 말로만 듣던 서울이었다.

공중전화 박스를 찾아갔다. 전화를 하니 조태규 아저씨가 받았다. 아저씨는 고향 분으로 서울로 올라와 성공했고 모든 면에서 존경을 받던 어르신이었다. 아저씨는 버스 몇 번을 타고 어디에서 내려 다시 전화하라고 친절히 안내해 주셨다. 불안하고 두려운 마음을 추스르며 사람들에게 묻고 물어 마침내 목적지에 도착했다. 그렇게 나의 서울 생활이 시작되었다.

아저씨의 목욕탕에서 심부름하는 일을 시작했다. 아저씨와 아주머니는 내가 고향에서 올라왔고 어린 나이에 객지 생활하는 것을 늘 안타깝게 여기셨다. 그래서 연민의 마음으로 친아들처럼 사랑해 주셨다. 집안 모임이 있으면 함께 데려가 주셨고 집에 와서 자라고 이야기해 주셨다. 아저씨는 나를 진심으로 아끼셔서 때때로 인생의 교훈을 들려주며 꼭 성공하라고 말씀해 주셨다. 나는 아저씨와 아주머니의 애정 속에 큰 어려움 없이 생활했다.

나는 열심히 일했다. 아저씨가 내 급료를 관리해 주셨다.

"필요한 용돈만 쓰고 월급은 내가 적금을 들어 줄 테니 열심히 모아서 나중에 가게라도 하나 차려라. 너도 성공해야지!"

그렇게 시간이 흐르고 첫 번째 명절을 맞았다. 나는 고향 갈 생각에 마음이 들떴다. 어머니 아버지가 보고 싶었고 사랑하는 동생들도 보고 싶었다. 고향 친구들과 고향 사람들이 그리웠다. 명절 한 달 전부터 내 마음은 이미 고향에 가 있었다. 새 옷을 한 벌 사 입고 아버지 어머니

동생들에게 줄 선물을 준비했다. 그동안 아저씨가 모아 놓은 월급을 받아 고향으로 향했다.

가방을 들고 집을 나서는 데 세상 모든 것을 가진 듯했다. 창공을 훨훨 나는 종달새 마냥 설레는 마음으로 고향을 향했다. 객지에 나와서 처음 찾은 고향, 그곳의 가족, 친구들과 나는 꿈같은 며칠을 보냈다. 그리고 다시 서울로 돌아왔다.

시린 새벽 골목길과 신문 배달

서울 생활에 제법 적응할 무렵, 아침저녁으로 재잘거리며 학교를 오가는 아이들이 자꾸 눈에 들어왔다. 까만 교복에 하얀 테가 둘린 모자를 쓰고 학교에 다니던 아이들…. 그 아이들을 보며 자꾸 이런 생각이 솟구쳤다.

'나도 학교 다니고 싶다….'

공부하고 싶다는 생각이 봄날의 새싹처럼 내 마음에 움텄다.

하지만 사치스러운 바람이었다. 내 처지에는 어울리지 않는 공허한 무지개였다. 그럼에도 불구하고 공부하고 싶다는 욕망은 굶주린 사람이 먹을 것을 생각하듯 내 마음 속에 한번 자리를 잡은 후로는 떠나질 않았다. 내가 공부를 해서 대학을 다니는 모습을 상상하는 횟수가 많아졌다.

그런 나의 간절한 소망이 하늘에 닿았는가? 어느 날 땅바닥에 떨어져 있던 검정고시 학원 광고 전단이 눈에 들어왔다. '하늘은 스스로 돕는 자를 돕는다.' '노력은 성공의 어머니.' 종로에 있는 제일검정고시학원 학생 모집 광고였다. 그 전단지를 읽는 데 가슴이 설레기 시작했다. ' 그래, 나도 검정고시를 하자. 나도 한번 해보자!'

나는 편지로 학원에 어떻게 공부하는 것인지 물어보았다. 학원에서 답장이 왔다. 하나는 통신으로 하는 방법, 다른 하나는 직접 학원을 다니는 방법이었다. 학원에 다닐 수 있는 형편이 되지 못했던 나는 통신으로 공부하기로 했다. 책을 구매하고 공부하는 방법도 안내를 받았다. 하지만 막상 시작하니 쉽지 않았다. 온종일 일하고 잠자리에 누워 수험서를 펼치니 정말이지 검은 것은 글자요 흰 것은 종이였다. 그래도 신념을 가지고 밤마다 책과 씨름했다. 하지만 도무지 진도가 나가지 않았다. 절망감이 파도처럼 밀려왔다. '도저히 못 하겠다. 포기해야 하나….' 하지만 포기하려니 평생 다시는 공부할 수 없을 것이라는 생각에 슬픔이 밀려왔다. '아니야. 어떻게 해서든 해야 해. 여기서 멈추면 나는 끝장이야.'

다른 방법을 찾기로 했다. 혼자서 공부하기 어려우니 학원을 다니는 것이 좋겠다는 생각이 들었다. '야간반이 있던데 낮에는 일하고 밤에 학원을 다니자.' 그런데 야간에 학원을 다니려면 정릉에 있을 수 없었다. 하지만 나를 그렇게 아끼고 사랑해 주는 아저씨 아주머니에게 차마 입을 떼기가 힘들었다. 그러나 피할 수 없는 일이었다.

어느 날 용기를 내어 나의 계획을 말했다. 아저씨와 아주머니는 섭섭한 마음을 한편에 묻고 오히려 나를 격려했다. “그런 희망을 품고 있으니 한번 열심히 해봐라. 너는 할 수 있을 거야.”

그렇게 해서 2년 가까이 지내며 정들었던 정릉을 떠났다. 하지만 막상 나오고 나니 어디서 어떻게 생활해야 할지 걱정이 앞섰다. 나는 또다시 낯선 서울에서 혼자가 되었다. 그래도 꿈을 포기할 수는 없었다. ‘ 어떻게든 참고 견디리라. 그리고 공부를 하리라. 열심히 공부해서 대학교에 들어가리라!’ 나는 그런 다짐을 마음속으로 수없이 되뇌었다.

정릉을 떠난 나는 경동시장을 찾아갔다. 고향 사람 한 분이 경동시장에서 작은 가게를 하고 있어서 가게 2층 다락에 머물면서 일자리를 찾아보기로 했다. 하지만 아무리 찾아봐도 낮에만 일하고 밤에는 학원에 가서 공부할 수 있게 편의를 봐주는 일터는 찾을 수 없었다. 점점 마음이 초조해졌다.

그러던 어느 날, 내 나이 또래의 학생 한 명이 신문 배달을 하는 모습이 눈에 띄었다. 그래서 그 학생에게 신문 배달을 할 수 있는 방법을 알려달라고 물었다. 그 학생은 친절하게 보급소 위치를 알려주었다.

그렇게 해서 제기동에 있는 한 신문 보급소에서 일하게 되었다. 조선일보 제기동 보급소에는 내 또래 아이들 열서너 명이 함께 생활하며 배달 일을 하고 있었다. 다들 착하고 성실한 친구들이었다. 우리는 보급소 다락방에서 함께 숙식하며 생활했다. 신문 배송차는 매일 새벽 3시 보급소에 도착했다. 그러면 우리는 군인처럼 일어나 신문을 차에서 내렸다. 그런 후에는 자신이 배달할 부수만큼 신문을 세서 구역별로 분류했다.

신문 배달은 신속 정확이 생명이었다. 독자들 가운데는 일찍 출근하는 사람들도 있어서 새벽에 배송해야 했다. 신문을 배달하기 전에 해야 할 작업도 많았다. 다른 종류의 신문을 간지로 끼우고, 광고 전단지도 몇 개씩 집어넣어야 했다. 또 스포츠 신문을 보는 집을 구분하고 영자지를 넣어야 하는 집도 있었다. 한 사람이 맡고 있는 집이 200집 이상 되기 때문에 이런 내용들을 모두 파악하고 있어야 한다.

분류 작업이 끝나면 배달원들은 모두 신문을 안고 자기 구역으로 달려갔다. 나는 매일 아침 250부 정도를 배달했다. 면목동과 중화동 쪽이 내 배달 지역이었다. 두 손으로만 250부를 안을 수는 없어서 끈을 목에 감고 신문을 두른 다음 양손에 안았다. 잉크 냄새가 풍기는 신문을 안고 새벽을 가르는 일은 나름 상쾌했다.

250여 가정에 모두 신문을 배달하려면 2시간 이상 뛰어야 한다.

정신없이 뛰다보면 온몸이 땀으로 흠뻑 젖었다. 오르막 내리막, 비탈진 길, 아파트 10층 이상도 단숨에 뛰어 올라가 신문을 넣고 내려와야 한다. 비가 오거나 눈이 오는 날이 가장 힘들다. 신문이 비나 눈에 젖지 않도록 비닐로 싸서 안고 다녀야 하고, 각 가정을 직접 문을 두드려서 전해 줘야 한다. 그러면 시간은 두 배로 늘어난다.

눈이 많이 오던 어느 날 나는 골목길에서 뛰다가 그만 심하게 넘어지고 말았다. 신문은 사방으로 흩어지고 손에서는 피가 흘렀다. 온몸이 다 아팠다. 학교 가던 아이들이 내 모습을 보고 낄낄 거렸다. 지나가던 한

여학생이 안타까운 듯 나를 도와 흩어진 신문을 모아주었다. 아픔보다 큰 부끄러움에 얼굴이 후끈 달아올랐다. 그때 나는 마음속으로 다짐하고 또 다짐했다.

'나도 열심히 공부해서 꼭 성공해야지!'

배달원들은 배달을 마치면 모두 보급소로 돌아와 잠시 잤다. 들어오는 순서대로 다락방에 쓰러져 곯아떨어졌다. 그도 그럴 것이 새벽 3시에 일어나 서너 시간을 정신없이 뛰다 돌아왔으니 안 쓰러지면 더 이상할 일이었다. 조금 자고 일어나면 식사 당번은 아침 식사를 준비했다. 아침이래야 밥과 반찬 한두 가지 정도였다. 반찬은 시장에서 살 수 있는 무말랭이 무침, 콩자반 등이었다.

식사 당번은 보급소 한쪽 긴 나무 식탁에 열대여섯 개의 밥그릇을 양쪽으로 가지런히 놓고 중앙 군데군데 반찬을 놓은 다음 큰 소리로 다른 배달원들을 불렀다.

"밥 먹어, 밥 먹어!"

그러면 모두들 벌떡 일어났다. 그러고는 본능적으로 밥이 많이 담긴 그릇 쪽으로 달려가 앉았다. 늘 배가 고팠기 때문이었다. 아침 식사는 언제나 꿀맛이었다.

고등학교 졸업 자격생이 되다!

나는 새벽에는 신문 배달을 하며 야간으로 학원을 다녔다. 내가 다녔던 제일검정고시학원은 종로 2가에 있었다. 매일 제기동에서 종로 2가 학원까지 걸어 다녔다. 걸어 다니는 것은 힘들지 않았다.
매일 아침 중화동과 면목동 일대를 신문 250부를 안고 뛰는데 걷는 것쯤은 식은 죽 먹기였다. 하지만 배고픔은 쉽지가 않았다. 먹고 일어서면 배가 고팠다. 오전에는 수금을 하거나 신문 확장을 위해 구역에 나갔다가 점심을 먹지 않은 채 학원으로 갔다. 빈 교실을 찾아 공부하다가 저녁 수업에 들어갔다. 수업을 마치고 걸어서 제기동 신문 보급소로 돌아오면 밤 열한 시가 넘었다.
보급소 문을 열고 들어가면 모두가 곤히 잠들어 있었다. 나를 반겨 주는 이는 아무도 없었다. 나를 기다리며 반겨주는 유일한 것은 식은 밥 한 그릇과 먹다 남은 반찬 그릇이었다. 순서가 열서너 번째로 밀린 밥그릇이었다. 배달원들은 모두 밥이 많이 담긴 그릇을 본능적으로 선택한다. 그래서 마지막 남은 밥그릇은 항상 검게 탄 누룽지가 섞인 작은 밥그릇이었다. 그 밥그릇만이 홀로 외롭게 나를 기다린다.

그럴 때 고향 생각이 났다. 어머니가 곁에 계셨다면 지금까지 나를 기다렸다가 정성스럽게 밥을 차려 주었을 것이다. 어머니가 차려 주던 보리밥과 구수한 된장찌개는 항상 맛있었다. 그런 생각이 들면 나도 모르게 주르륵 눈물이 흘렀다. 내 눈에서 떨어진 눈물은 차갑게 식어 딱딱해진 검은 누룽지 밥 위로 처연하게 뚝뚝 떨어졌다.

그렇게 식사를 마치고 보급소 다다미방으로 올라갔다. 피곤에 절은 다른 배달원들은 이미 곤하게 자고 있다. 적당한 빈자리로 헤집고 들어간 나 역시 정신없이 곯아 떨어졌다. 그렇게 나는 하루하루 눈물과 함께 내 인생의 꿈을 키웠다.

어느덧 8월이 되었다. 검정고시 시험일이 다가왔다. 제대로 준비하지는 못했지만 그래도 응시해 보기로 했다. 물론 자신은 없었다. 시골에서 중학교 과정을 겨우 마치고, 2년 가까이 직장에서 일하다가 학원에 다닌 지 1년이 채 안 됐는데 합격을 기대하는 건 말 그대로 욕심이었다. 그래도 혹시나 하는 기대감을 접기는 어려웠다.

며칠 후 발표장인 학교 운동장으로 아무도 모르게 달려갔다. 두근거리는 가슴을 쓸어내리며 내 수험번호와 이름을 찾아보았다. 그러나 아무리 찾아봐도 내 번호와 이름은 찾을 수 없었다. 예상한 일이긴 했지만 온몸에 힘이 쭉 빠졌다. 나는 조용히 운동장을 빠져나왔다. 정처 없이 길을 걸었다. 걷다 보니 남산까지 올라갔다. 해는 이미 서울의 빌딩 속으로 자취를 감추고 주변이 어둑어둑해졌다. 왠지 모르게 눈물이 흘렀다. 예상했고 당연한 일이었지만 너무나 가슴이 아팠다. 서럽고 고생했던 일들이 눈앞을 스쳐갔다. 고향 생각이 났다. 부모님이 너무 보고 싶었고 동생들도 보고 싶었다. 어머니가 곁에 있으면 품에 안겨 실컷 울고 싶었다. 흐르는 눈물을 주체할 수 없었다. 울고 또 울면서 나는 남산 정상까지 올라갔다. 팔각정에 다다랐다. 주변은 어두웠고 사람들은 많지 않았다. 정상에서 내려다본 서울 시내는 수많은 전등불로 반짝였다. 저 많은 집과 사람, 그러나 그 중 그 어느 곳도 나를 기다리는 곳은 없었다.

남산을 내려온 나는 또 제기동 보급소까지 하염없이 걸었다. 보급소 문을 열고 들어서니 똑같이 누룽지가 섞인 밥 한 공기와 먹다 남은 반찬 그릇이 나를 기다리고 있었다. 밥 생각이 없었다. 그냥 방으로 올라가 고달픈 몸을 누였다. 그러고는 바로 잠에 곯아 떨어졌다.

다음날부터 내 생활은 변함없이 계속되었다. 새벽에는 신문 배달, 낮에는 수금이나 확장, 그리고 오후에는 학원으로 가서 공부했다. 그렇게 또 1년의 시간이 훌쩍 지나갔다. 다시 8월이 돌아왔고 시험 날짜가 다가왔다. 나는 점점 긴장되기 시작했다. 이번 시험에 합격 못하면 다른 길을 택해야 했다. 마냥 이런 생활을 계속 할 수는 없는 노릇이었다.

시험을 치르고 교실을 나서는 데 이상하게 마음이 가벼웠다. 얼마 후

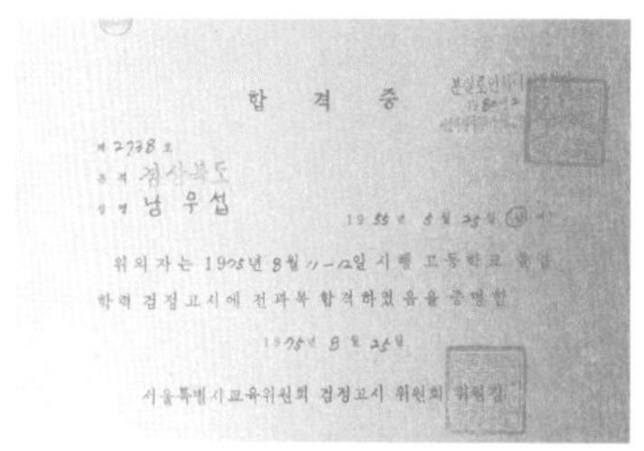
합 격 증

제 2738 호
경상북도
남 우섭
1955년 5월 25일

위의 자는 1975년 8월 11-12일 시행 고등학교 졸업 학력 검정고시에 전과목 합격하였음을 증명함

1975년 8월 25일

서울특별시교육위원회 검정고시 위원회 위원장

합격자 발표를 보러갔다. 운동장에는 많은 학생이 웅성거리고 있었다. 멀리 합격자 명단이 기록된 종이가 길게 붙여져 있었다. 그 종이를 보는 순간 가슴이 떨려왔다. 차례대로 번호를 찾아 내려갔다. 한 사람, 한 사람, 드디어 내 번호 차례가 되었다.

내 수험 번호와 이름이 선명하게 눈에 들어왔다. 혹시 잘못 본 것은 아닌가 싶어 다시 확인하고 또 확인했다. 그것은 분명히 내 수험 번호와 이름이었다. 하늘을 날 것처럼 기뻤다. 거기에 적힌 내 이름 석 자가 너무도 신기했다. '나도 이제 고등학교 졸업생이다. 졸업생이다!'

주변에 축하한다고 말해 주는 사람은 없었다. 혼자 교문을 걸어 나오다 다시 되돌아갔다. 혹시 잘못 본 것은 아닐까 싶어 다시 내 이름을 확인해봤다. 분명히 내 이름이었다.

내가 자랑할 수 있는 사람은 보급소 배달원 친구들뿐이었다.

"나 검정고시 합격했어!"

"정말이야? 이야~ 축하한다. 정말 축하한다!"

배달원 친구들은 나를 안아 주고 난리가 났다. 그날 저녁 나를 위한 작은 파티가 열렸다. 그들은 마치 자신의 일인 양 진심으로 기뻐해 주었다. 매일 아침 한 아름의 신문을 안고 골목을 누비던 친구들! 함께 배고픔을 나누고, 더울 땐 팬티만 입은 채 함께 뒹굴고 추울 땐 서로 부둥켜안은 채 추위를 이겨내던 그 친구들은 지금 어디에서 어떻게 생활하고 있는지…. 그 친구들이 몹시 그립고 보고 싶다.

독서실 사무원 시절과 처음 느낀 설레임

고등학교 졸업 자격 검정고시에 합격한 나는 목표가 달라졌다. 다음은 대학 입시였다. 돈이 없어 일반 대학은 생각할 수 없었다. 육군사관학교를 목표로 삼았다. 신문 보급소 가까운 곳에 있던 대광 독서실에서 공부했다. 독서실 실장님과 사모님은 모두 인자하고 참 좋으신 분들이었다. 내가 신문 배달을 하면서 공부하는 것을 아시고는 여러모로 잘해 주셨다. 나는 아침저녁 청소를 돕거나 때때로 남는 신문을 실장님께 갖다 드렸다. 덕분에 독서실 사용료를 내지 않고 언제든 공부할 수 있었다.

어느 날 실장님이 나를 불렀다.

"남군, 신문 배달은 힘들고 시간도 많이 빼앗길 테니 우리 독서실에 와서 일하면서 공부하지 않겠나?"

신문 배달보다는 독서실이 좀 더 편하고 공부할 수 있는 시간도 많을 것 같아서 대광 독서실에서 일하기로 결정했다. 낮에는 독서실에서 일하며 공부하다 밤에는 학원을 다녔다. 대학입시 단과반이었다. 당시 종로 2가에는 그런 단과반이 많았다. 하지만 수업료가 만만치 않았다. 학원을 다니다 우연히 '기도' 일을 하는 학생들이 있다는 것을 알게 되었다. 이들은 단과반 선생님의 수업을 돕는 대신 수업료를 면제 받았다.

학원 사무실을 찾아가 사정을 이야기하고 그 일을 하게 해달라고 부탁했다. 담당자는 나를 이리저리 훑어보더니 한번 해보라면서 교실과 시간을 알려 주었다. 나는 내가 맡은 시간과 교실을 뛰어다니며 선생님의 수업을 준비했다. 칠판을 깨끗이 닦아 놓고 분필을 색깔별로 가지런히 정리해 놓았다. 칠판은 몇 번이고 다시 닦아 얼룩이 없게 만들고 지우개는 항상 깨끗하게 털어놓았다. 또 물도 한 컵 준비해 교단 위에 올려놓았다.

그러던 중 대광 독서실이 후암동으로 이사를 가게 되었다. 실장님의 처남이 후암동에서 독서실을 했는데 그곳이 더 좋다고 생각했던 모양이다. 두 배 이상 큰 면적의 독서실을 마련해서 옮겼다. 실장님이 함께 가자고 권유해 나도 후암동으로 옮겼다.

당시 후암동에는 명문 학교들이 많았다. 독서실에서 일하면서 공부 잘 하는 학생과 못하는 학생의 차이점을 알게 되었다. 공부 잘 하는 학생은 놀 땐 신나게 놀아도 공부할 땐 집중해서 공부만 했다. 그런데 공부 못하는 학생은 책상에는 오래 앉아 있는데 집중을 잘 못했다. 엉뚱한

짓을 하며 시간을 흘려보내거나 주변을 힐끗거리며 주위가 산만했다. 공부를 잘 하려면 집중해야 한다는 것을 그때 알았다.

독서실에는 경옥이라는 여학생이 있었다. 장기로 좌석을 끊어 공부하고 있었다. 명문 여자고등학교를 다녔는데 참 착하고 예뻤다. 경옥이는 유달리 내게 친절했다. 먹을 것을 남몰래 주기도 하고 항상 밝고 웃는 모습으로 나를 대해 주었다. 크리스마스가 다가오던 어느 날 경옥이가 내게 수줍은 듯 웃으며 작은 선물을 하나 전했다. 두근거리는 마음으로 포장지를 뜯어보았더니 빨간색 예쁜 목도리와 작은 편지 쪽지가 들어 있었다.

'열심히 공부해서 꼭 원하는 대학에 합격하기를 바란다.'는 내용이었다. 가슴이 너무 두근거려서 숨쉬기가 힘들었다. 그때부터 경옥이의 얼굴을 제대로 쳐다볼 수 없었다. 경옥이가 학교를 마치고 독서실로 오는 시간이 기다려졌다. 사무실에 앉아 공연히 밖을 기웃거렸고 경옥이가 눈에 띄면 그렇게 반가웠다. 경옥이가 빠지는 날에는 왠지 불안하고 일이 손에 잡히지 않았다.

경옥이와 사귀기 위해서라도 반드시 육군사관학교에 합격해야 했다. 더 열심히 공부했다. 하지만 안타깝게도 그해 가을 나는 육군사관학교 시험에서 떨어졌다. 가장 마음이 아프고 낙심되었던 것은 이제 경옥이를 만날 수 없다는 생각이었다. 전화를 해 볼까 싶어 몇 번 수화기를 들었다가 놓고 말았다. 정말 만나고 싶었지만 감히 말을 꺼낼 수가 없었다.

시험에 실패한 나는 독서실을 나왔다. 더 이상 독서실에 있을 이유와 목표가 사라졌다. 독서실을 떠날 때 가장 먼저 챙긴 것이 경옥이의 선물이었다. 오랫동안 경옥이의 얼굴이 마음속을 떠나지 않아 괴롭고 힘이 들었다. 이성에 대한 설레임을 처음으로 눈 뜨게 해 준 사람이었다.

사라진 희망

시험에 떨어지자 정말 막막하고 답답했다. 무력감에 빠졌다. 벌어놓은 돈도 없었고 배운 기술도 없었다. 갈 곳도 없었다. 처음 서울 올라올 때보다 더 막막했다. 망망대해 한가운데 방향을 잃고 서 있는 고장 난 작은 돛단배 같은 심정이었다. 어떻게 해야 하나? 앞으로 무엇을 해야 하나?

하지만 내일엔 내일의 태양이 떠오른다고 했던가? 다시 시작하기로 다짐했다. 비록 돈이 없어 대학을 못가고 합격증을 찢는 한이 있더라도 일단 합격증을 한 번 쥐어 보고 말겠다는 오기가 생겼다. 다시 육군사관학교에 도전하기로 했다. 공부하며 할 수 있는 다른 일을 찾았다. 누가 우유 배달을 소개해 주었다. 큰 자본금 없이 시작할 수 있는 일이었다.

종암동에서 우유 배달을 시작했다. 우유 배달 역시 새벽일이었다.

세 시면 일어나 자전거에 우유 박스를 싣고 골목을 다니면서 우유를 배달한다. 어른 키만 한 우유 박스를 자전거에 싣고 골목을 누비는 일은 힘든 일이다. 어두워서 잘못하면 웅덩이나 장애물에 걸려 빠지고 넘어진다. 자전거가 넘어지면 우유병이 깨져 사방이 우유 범벅이 되었다. 그날 하루 수입은 거의 날아가고 온종일 속이 상한다.
우유 배달은 힘은 많이 들었지만 수입이 괜찮았다. 웬만한 어른의 한 달 월급 가까이 되었다. 나는 우유 배달을 하면서 학원에 다니며 공부했다. 낮에는 남산 어린이회관 옆에 있는 남산 독서실에서 공부했다.
그렇게 일하며 열심히 공부하던 7월의 어느 날이었다. 편지 한 통이 배달되었다. 집에서 온 편지였다. '영장이 나왔으니 모든 것을 정리하고 빨리 고향으로 내려오라"는 내용이었다. 눈앞이 캄캄했다. 지금 군에 가면 나는 어떻게 되는가? 대학 시험은? 지금까지 그토록 노력했던 모든 것이 다 물거품이 되는 것인가?
아무리 생각해도 방법이 없었다. 나는 바닥 인생을 벗어날 수 없는 운명을 타고 났나? 그동안 공부하던 노트며 책들을 한데 모아 고물상 아저씨 손수레에 실어 버렸다. 눈물과 땀과 손때 묻은 노트와 책을 손수레에 실으며 그토록 푸르고 아름답던 내 희망과 꿈도 함께 실어 보냈다. 열여섯 어린 나이에 서울로 올라와 어떤 고난과 배고픔도 참아내고 서러움과 부끄러움도 이겨내게 했던 그 희망과 꿈이었다.
나는 우유 배달을 정리하고 군에 입대하기 위해 고향으로 내려왔다.

절망의 벽을 넘는 길

도종환 시인의 '담쟁이'라는 아름다운 시가 있다.

"저것은 벽, 어쩔 수 없는 벽이라고 우리가 느낄 때
그때 담쟁이는 말없이 그 벽을 오른다.
물 한 방울 없고 씨앗 한 톨 살아남을 수 없는,
저것은 절망의 벽이라고 말할 때,
담쟁이는 서두르지 않고 앞으로 나간다.
한 뼘이라도 꼭 여럿이 함께 손을 잡고 올라간다.
푸르게 절망을 다 덮을 때까지, 바로 그 절망을 잡고 놓지 않는다.
저것은 넘을 수 없는 벽이라고 고개를 떨구고 있을 때
담쟁이 잎 하나는, 담쟁이 수천 개를 이끌고, 결국 그 벽을 넘는다."

췌장암으로 시한부 인생이 된 미국의 랜디포시 교수는 감동적인 마지막 수업에서 이런 강연을 하였다고 한다.
"장벽이 있는 것은 다 이유가 있기 때문이다. 우리를 내몰려고 장벽이 있는 것은 아니다. 장벽은 우리가 무엇인가를 얼마나 절실히 원하는지 깨달을 수 있도록 기회를 제공하는 것이다. 왜냐하면, 장벽은 그것을 절실하게 원하지 않는 사람들을 멈추게 하려고 거기 있기 때문이다. 장벽은 당신이 아닌 다른 사람들을 멈추게 하려고 거기 있는 것이다."

강력한 희망을 품을 때 세상의 어떤 것이든 어려움을 극복하고 이겨내게 된다. 두루미는 몽골 초원에 살다 추워지면 따뜻한 남쪽 나라로 이동한다. 문제는 그 중간에 해발 8천 미터의 히말라야 산맥이 버티고 있다는 것이다. 그것도 1년에 두 번씩 넘어야 한다. 히말라야 산맥은 영하 40도의 혹한에 산소는 희박하고 인도양의 수증기가 만들어낸 강풍과 눈보라가 사정없이 휘몰아치는 곳이다. 몽골 초원에서 히말라야 산맥을 넘어 따뜻한 지방으로 가려면 1만 킬로미터 이상을 날아야 한다.

두루미들은 따뜻한 남쪽 나라로 가기 위해 히말라야를 넘는다. 처절한 노력을 한다. 더 높이, 더 멀리 날기 위해 풀이나 과일 위주의 식단을 곤충 위주의 먹이로 바꾼다. 철저한 준비와 적응을 한다. 희박한 산소를 견디기 위해 공기 주머니를 하나 더 갖도록 진화했다. 무서운 정신력이다. 따뜻한 남쪽 나라에 가면 살 수 있다는 간절한 희망과 목표가 절망의 땅 히말라야를 넘게 한다.

간절한 희망과 목표를 가지고 살아야 한다.

제2부

내 인생 속으로 찾아오신 분

눈물의
논산 훈련소

고향으로 내려오기는 했지만 아무것도 손에 잡히지 않았다. 마치 도살장에 끌려 온 송아지 같았다. 물론 남자라면 모두 가는 군대인데 유독 나만 군대를 싫어한 것은 아니었다. 남들처럼 대학을 다니다 입대를 하거나, 직장을 다니다 입대하는 것이라면 당당하고 군 입대를 받아들였을 것이다. 하지만 어렵게 고생하면서 대학에 들어가기 위해 몸부림치다 갑작스럽게 영장을 받고 보니 황망하고 억울했다.

'모든 게 끝이구나. 3년간 군에 갔다 오면 대학은 물 건너가겠구나. 지금껏 몸부림쳐 왔던 모든 노력과 고생이 물거품이 되는구나….'

내 인생은 이제 이것으로 끝이라고 생각했다. 답답하고 괴로웠다. 먹지 못하는 술을 마시고 혼자 멍하니 산만 바라보기도 했다. 그러는 사이 입영 날짜는 하루하루 다가오고 있었다.

그때 인근 마을에 살던 춘화가 우리 마을에 놀러왔다. 고종 6촌

여동생인데 여고를 갓 졸업하고 외가가 있던 우리 마을로 놀러 왔던 것이다. 춘화는 외 6촌 오빠 되는 나를 무척 따랐다. 춘화는 내가 군 입대를 위해 고향에 내려와 있다는 소식을 듣고 나를 찾아왔다. 여느 때 같으면 무척 반갑고 기뻤을 춘화인데 나는 별반 반갑지도, 기쁘지도 않았다.

춘화는 그런 내 마음을 눈치챘는지 그닥 말을 많이 하지 않았다. 그저 형식적인 인사와 대화만 나누었다. 잠시 뜸을 들이던 춘화가 대뜸 이런 말을 꺼냈다.

"오빠, 군에 들어가서 기회 있으면 교회에 한번 나가봐!"

나는 교회에 나가 보라는 소리를 그때 처음 들어봤다. 면 소재지인 도평에는 교회가 한 곳 있었다. 그러나 나는 교회는 우리와는 다른 어떤 사람들이 다니는 곳으로 생각했다. 나와는 거리가 먼 이상한 어떤 곳이었다. 내 고향은 유교 문화와 보수적인 전통의식이 강했고, 더욱이 우리 집안은 유교의식이 남다른 '양반 집안'이었다. 마을에는 '만수정'이라는 이름의 정자가 있었는데 이곳에 하얀 모시 적삼에 두루마기를 입은 노인들이 자주 모인다. 그분들이 바로 우리 집안 어르신들이었다. 나는 그저 씩 한 번 웃는 것으로 그 말을 지나쳐 버렸다. 그런데 춘화는 포기하지 않고 또 한 번 나에게 말했다.

"오빠, 힘들 때 꼭 교회에 나가봐!"

나는 춘화가 생각 이상으로 예수쟁이(?)가 되어 있었다는 사실에 흠칫 놀랐다. 나는 귀찮다는 듯 대답했다.

"알았어, 기회 되면 한번 가보지 뭐!"

그것으로 대화는 끝났다. 하지만 그때 나는 이것이 내 인생을 바꾸는 시작점이 될 줄은 꿈에도 생각하지 못했다.

무심한 시간은 화살처럼 흘러 마침내 입대일이 되었다. 어머니의 눈물 배웅을 받으며 나는 집결지인 예천으로 향했다. 어머니는 군대에 대해 남다른 두려움과 아픔을 갖고 계셨다. 열일곱 어린 나이에 시집 온 어머니는 현서면 유전이라는 동네가 고향이었다. 유전은 보현산 자락에 자리 잡은 작은 마을이었다. 몇 가구가 옹기종기 모여 사는 마을은 온통 바위로 가득했다. 동네 골목길은 바위 사이를 지나야 하고 심지어 집 마당과 부엌에까지 여기저기 바위들이 놓여 있었다. 식수는 동네 위 계곡 샘에서 바가지로 길어다 먹었다.

어렸을 때는 방학을 맞아 유전 외가댁에 놀러가는 것이 유일한 즐거움이자 행복이었다. 외가댁에 가면 외할머니 외할아버지 외삼촌 이모, 그리고 동네 사람까지 반갑게 맞아 주었다. 계곡 웅덩이에서 친구들과 수영을 하고, 뒷산 기슭에 소를 매어놓고 감자 강냉이를 구워 먹었다. 겨울이면 바위틈 사이로 얼음을 타고, 외할머니가 주시던 고염과 감, 송편과 콩가루 인절미가 얼마나 맛있었는지 모른다.

어머니는 이 산골에서 순박하게 부모님 밑에서 농사를 지으며 살았다. 비록 산비탈 논밭이었지만 먹을 것 걱정은 없었다. 하지만 시집 온 우리 집은 찢어지게 가난했다. 아버지는 결혼하고 일 년이 채 못 되어 군에 입대했다. 6.25 전쟁이 발발했던 것이다. 갓 시집 온 새댁이 땔감은 물론이고 양식조차 없는 상황에서 남편을 전쟁터로 보내야만 했으니 그 심정이 오죽했겠는가! 그때는 군에 가면 모두가 죽는다고 생각하던 때였다. 열일곱의 나이에 시집와 채 일 년도 살지 못한 채 남편을 사지로 보내야 했으니 어린 새댁이 얼마나 두려웠겠는가? 군대에 대해 이런 트라우마를 갖고 있던 어머니가 다시 아들을 군대에 보내야 했으니 아마도 마음이 칼로 저미는 것 같았을 것이다.

논산 훈련소로 들어가기 전 나는 수용연대라는 곳에 며칠 머물면서 신체검사를 했다. 그곳은 지금까지와의 세상과는 전혀 다른 세상이었다. 주변은 군인들로 가득하고 모든 것이 군인에 의해 통제되었다. 군기를 잡기 위해서인지 사람을 얼마나 무섭게 다루는지 나는 도무지 정신을 차릴 수가 없었다. 그저 며칠 동안이었지만 수용연대에서의 생활은 지옥 같았다. 조금 한가한 시간이라도 되면 '자살할까? 아니면 탈영?' 같은 위험한 생각들이 머릿속을 떠돌곤 했다.

수용연대에서 맞이하는 첫 번째 일요일이었다. 신체검사가 없어서 나는 나무 그늘에 혼자 앉아 눈물을 흘리고 있었다. 그때 어딘 가에서 은은한 차임벨 소리가 들렸다. 나는 홀린 듯 그 소리에 이끌려 소리가 나는 곳으로 향했다. 그곳에 교회가 있었다. 나는 나도 모르게 교회 문 안으로 들어갔다. 난생처음 들어 온 교회였다. 두리번거리다 맨 뒷자리로 가 앉았다. 둘러보니 몇몇 입소자들이 앉아 기도하고 있었다. 그 모습을 물끄러미 쳐다보다 그만 엎드려 잠이 들고 말았다.

한참 자다가 어떤 소리에 놀라 눈을 떴다. 예배가 이미 끝나고 목사님이 마지막 기도를 하고 있었다. 자세한 내용은 기억나지 않지만 대충 이런 기도였다.

"하나님, 이 불쌍한 양떼들을 돌보아 주십시오. 앞으로 이들이 어느 곳에 가서 어떤 어려움을 만나더라도 지켜 주시고 무사히 제대하게 도와주십시오."

그 소리를 듣는 순간 내 마음속에 어떤 생각인지 독백인지 기도인지 모를 웅얼거림이 스쳐갔다.

'하나님, 솔직히 하나님이 계시는지 안 계시는지 저는 모릅니다. 하지만 혹시 계신다면, 어떤 절대자가 정말로 계신다면 저 좀 도와주세요. 부모 형제들이 기다리는 고향으로 돌아갈 수 있도록 해주세요. 저는 정말 자신이 없습니다. 군대 생활을 잘 해갈 자신이 없습니다. 그러니 하나님 제발 저 좀 도와주세요.'

그러자 신기하게도 그 순간부터 마음이 편해졌다. 희한한 경험이었다.

이 일이 있고 나는 논산 훈련소로 입소했다. 논산에서는 하루하루 정신없는 훈련이 계속되었다. 부모님이나 고향 생각, 이전의 기억을 떠올린다는 것은 그야말로 감정적 사치였다. 그럴 시간도 여유도 없었다. 정신없이 힘든 훈련이 계속되었고, 내무반에서는 정리와 빨래, 점호 준비 등 한순간도 개인적인 생각을 할 수 있는 여유가 없었다. 밤이 되면 눕자마자 잠에 떨어졌고 불침번 근무도 여간 힘들고 어려운 것이 아니었다.

논산 훈련소에 입소한 첫 토요일 오후였다. 오전 훈련을 마치니

오후에는 휴식 시간이었다. 화장실에 갔더니 내무반장이 빨래하고 있었다. 내무반장은 하사관으로 내무반에서 가장 무서운 사람이었다. 나는 그 자리에 멈춰 서서 "제가 빨래를 도와 드리겠습니다."하고 말했다. 그러자 내무반장은 나를 힐끗 돌아보더니 "괜찮아, 그냥 둬" 라고 대답했다. 그래도 나는 "아닙니다. 지금 휴식 시간이라 여유가 있습니다. 제가 도와 드리겠습니다."하고 말했다. 그러나 내무반장은 극구 사양했다. 어쩔 수 없이 그냥 밖으로 나왔다.

이튿날 일요일 아침이었다. 아침 식사를 마치고 휴식을 취하고 있는데 갑작스럽게 복도에서 "전달!"이라는 목소리가 크게 들렸다. 지금은 내무반 내 스피커로 전달 사항을 알리겠지만 당시는 전달병이 복도로 뛰어나가 전달 받은 내용을 크게 외쳐 다음 전달병에게 전달했다.
"각 중대 훈련병은 지금부터 선착순으로 연병장에 모일 것!"
그 소리를 듣고 이유도 모른 채 연병장으로 뛰어나갔다. 전 중대원이 긴장된 표정으로 연병장에 모였다. 곧이어 내무반장과 현역병 2명이 나타났다. 현역병 중 한 명이 이렇게 말했다.
"훈련병 가운데 사회에서 3년 이상 교회에 다닌 사람 앞으로! 교회에 가서 잠자거나 가까운 PX에 가서 놀기 위해 나오는 놈들은 찬송가, 주기도문, 사도신경 시켜보면 다 알 수 있으니까 거짓말할 생각이면 아주 각오하고 나와라!"
20여 명이 앞으로 나갔다. 나도 나가고 싶었지만 엄두가 나지 않았다. 찬송가, 주기도문. 사도신경은 난생처음 들어본 말이었다. 공연히 나갔다가는 창피를 당하고 기합 받을 게 뻔했다. 현역병은 앞으로 나간 훈련병들에게 "너 찬송가 한번 해봐. 너 주기도문" 하면서 확인했다. 그리곤 합격한 사람과 불합격한 사람을 따로 세웠다. 불합격한 훈련병들은 거짓말한 죄로 연병장을 도는 얼차려를 받았다.
합격한 훈련병들의 이름을 다 적고 교회로 출발하려는 순간이었다. 앞에 서 있던 내무반장과 눈길이 마주쳤다. 내무반장은 나를 흘낏 쳐다보더니 "너 교회에 가고 싶어?" 하고 물었다. 어제 토요일 오후 빨래를 해 드리겠다고 한 나를 알아보신 것이다. 나는 감히 교회에 가고 싶다는 말을 할 수 없어 고개를 숙였다. 하지만 내 얼굴에는 '예, 교회에 가고 싶습니다.'라는 표정이 확연했던 모양이었다. 내무반장이 "나와!"

라고 말했다 나는 앞으로 나갔다.

그때부터 나는 논산 훈련소에서 정식으로 교회 다니는 훈련병이 되었다. 당시 나는 이 일이 그냥 '재수가 좋아서' 된 것이라고 생각했다. 하지만 나중에 하나님이 나를 선택하신 것이라는 걸 깨달았다. 그리고 눈물을 흘리며 감사했다.

내무반
도난 사건

훈련을 마치고 마침내 자대 배치를 받았다. 어엿한 대한민국 육군 사병이 되었다. 자대는 훈련소와는 달랐다. 군기가 엄격하고 촘촘한 일과 시간이 있었지만 그 가운데 정이 있고, 의리가 있고, 인간적인 생활이 있었다. 선임병 중에는 성격이 까다롭고 무서운 고참도 있었지만 시간이 흐르면서 가족처럼 정이 들었다. 우리 중대는 비슷한 시기에 전출 온 친구들이 많아서 재미있었다. 동기끼리는 힘든 일이 있으면 도와주고 먹을 것이 있으면 나누어 먹었다.

군 생활은 점차 안정 되어갔고 무엇보다도 교회 다니는 것이 즐거웠다. 부대 내에 작은 교회가 있었지만 목사님이 계시지 않아 주일이면 대대 내 다른 신우회원들과 함께 사령부 교회로 가서 예배를 드렸다. 수요 저녁 예배는 대대 내 교회에서 드렸다. 나는 주일 낮 예배, 수요 저녁 예배를 빠짐없이 드렸다.

일요일 점심은 라면이었다. 사령부 교회에서 예배를 마치고 돌아오면 오후 1시가 넘었다. 배식 시간이 끝났다. 그러나 점심은 먹어야 했기에 식당으로 가면 취사병들이 투덜댔다. 설거지를 끝내고 쉬어야 하는데 수십 명이 다시 와서 배식해야 하니 짜증이 나는 것이다. 취사병들의 눈치를 보면서 점심을 먹는 것도 그렇지만 무엇보다 힘들었던 것은 죽이 되어 버린 라면을 먹는 일이었다. 끓인 지 한 시간이 넘은 라면이었다. 그런데도 그 '죽 라면'이 어찌 그리 맛이 있었던지!

나는 주일날은 어떤 일이 있어도 교회에 갔다. 성가대를 서고 예배 후 성가 연습을 하고 돌아오는 것이 행복했다. 교회 다니는 일은 나의 군 생활에서 빼놓을 수 없는 중요한 일과가 되었다. 교회 가는 시간이 행복했고 교회에 가면 마치 어머니 품속에 온 것처럼 평안했다. 기도를 유창하게 하지는 못했지만 기도 시간이 기다려졌고 놀랍게도 내가 기도하는 것마다 하나님은 빠짐없이 응답해 주셨다.

그러던 어느 날이었다. 갑자기 중대 고참병들이 심각한 표정으로 전 중대원을 내무반으로 불러 모았다. 한 고참 선임병이 앞으로 나오더니 심각한 얼굴로 이렇게 말했다.

"우리 중대에 있어서는 안 될 일이 일어났다. 내무반에서 돈을 분실했다. 절대로 용서할 수 없는 일이다. 범인이 나올 때까지 모두 맞는다."

우리는 말 그대로 실컷 맞았다. 하지만 범인은 나타나지 않았다.

고참병은 화를 참지 못하고 "좋다! 그렇다면 매일 이렇게 한다."고

소리치며 나가버렸다. 이후 매일같이 고통스런 얼차려가 계속됐다. 기가 찰 노릇이었다. 중대원 모두가 보기 안쓰러울 정도로 힘들어했다. 어떻게 하면 좋을까? 범인은 절대 나타날 것 같지가 않았다.

어느 순간 내 마음속에 이상한 생각이 들었다.

'그래 내가 책임지자. 내가 가져갔다고 하자!'

다음날 고참병은 설득하는 방법으로 나왔다. 종이 한 장씩을 나누어 주면서 "누구든 가지고 간 사람 이름만 써내라. 그러면 그것으로 끝이다. 아무것도 묻지 않겠다. 모든 것은 비밀에 붙이겠다."고 말했다. 종이를 받아 든 내 가슴이 두근거렸다. 나는 그 종이에 내 이름을 쓰고 접어서 내었다. 고참들은 종이를 한 장씩 확인하더니 심각한 표정을 지었다. 그러고는 “됐다. 끝났다.” 하면서 모두 나가버렸다.

모두 웅성댔다. 나 역시 시치미를 떼고 “범인이 나온 모양이지?” 하고 말했다. 그때부터 나는 내무반장이 잃어버렸다는 돈을 모으기 위해 애썼다. 부모님이 꼬깃꼬깃 접어주셨던 작은 용돈과 그동안 군에서 모은 월급을 다 털었다. 나는 술을 먹거나 담배를 피우지 않았기에 별로 용돈 쓸 일이 없었다. 두어 달 더 월급을 모아서 분실됐다는 액수만큼의 돈을 모았다. 그리고는 아무도 모르게 내무반장에게 들고 가서 “정말 죄송합니다.” 하면서 건넸다. 내무반장은 깜짝 놀라면서 “아니 돈을 어떻게 모았어?”하고 물었다. 나는 그냥 “예, 모았습니다.”하면서 돈을 주고 나왔다. 아까운 돈이었지만 왠지 마음 한쪽이 뿌듯했다.

그로부터 얼마 후였다. 고참병이 나를 부르더니 조용히 말했다.

“남 일병, 우리가 돈을 만들어 내무반장에게 주었으니 남 일병은 아무 걱정 말고 군 생활 잘 해.”

나는 놀라서 “아닙니다. 저는 그 돈을 이미 내무반장님께 드렸습니다.” 하고 말했다. 그러자 고참병도 깜짝 놀라면서 “너도 주었다고? 그럴 리가 없는데?” 하며 말끝을 흐렸다. 나중에 안 일이지만 내무반장은 돈을 분실하지 않았다. 그러면서도 돈을 분실했다고 거짓말을 하고 고참병들과 내게 두 번씩이나 돈을 받았다. 이런 사실이 밝혀지면서 내무반장은 다른 부대로 전출가게 되었다. 중대 지휘관들은 이 일을 통해 내게 신뢰감을 갖게 되었다.

내가 복무하던 곳은 수송 부대였다. 수송 부대에는 운전병, 정비병,

관리병이 있다. 또 행정반에는 서무계를 비롯해 많은 행정병이 있다. 이 중 특히 수송 업무를 담당하는 운전병의 노고가 많았다. 추운 겨울에도 새벽부터 나가 당일 운행될 차를 점검해야 한다. 육중한 군용 트럭을 오르내리면서 점검을 하다보면 차가운 쇳덩어리에 손이 쩍쩍 달라붙는 느낌이 든다. 보닛을 열어 엔진을 점검하고 언 땅바닥에 누워 차 밑을 살피며 만져야 한다.

군 차량은 항상 깨끗하게 세차가 되어 있어야 한다. 차가 작전을 다녀오거나 수송 일을 하고 오면 흙과 먼지로 지저분해지는 일이 많다. 그래서 일이 끝나면 반드시 물로 세차를 하든지 아니면 기름걸레로 세차를 해서 반들반들 윤이 나게 만들어 놔야 한다. 겨울 세차는 어렵고 힘이 많이 든다. 차 밑까지 들어가 찬 물로 씻어내려면 온 몸이 꽁꽁 언다. 높은 분이 방문하는 행사라도 있으면 타이어에 구두약까지 칠한다.

정비병 또한 힘들기는 매한가지다. 매일 고장 난 차를 정비하느라 바쁘다. 정비를 철저히 하지 않으면 사고가 날 수 있기에 항상 긴장을 늦출 수 없다. 우리 부대는 강원도 전방 부대에 군수 물자를 수송하는 업무였기에 위험한 산악지대를 운행하는 일이 많았다. 한번은 우리 부대에서 큰 사고가 일어난 적이 있었다. 항공유를 가득 싣고 가던 군용 유조차가 강원도 화천 댐 높은 산길을 운행하다 그만 전복되었다. 그 여파로 차량에 불이 붙어 타고 있던 운전자, 인솔자, 조수 한 명 등 세 명이 그 자리에서 불에 타 죽었다. 끔찍한 사고에 모든 부대원은 큰 충격을 받았다.

정비병들은 온종일 새까만 기름 범벅이다. 기름 묻은 쇳덩어리를 만지면서 차량 하체를 고치기도 하고 엔진을 내리고 온종일 기름과 씨름하며 일한다.

수송부의 여러 부서 중 그래도 좀 깨끗하고 편하게 생활하는 데가 공구계다. 공구계는 차량 정비에 필요한 각종 공구를 관리하는 부서다. 창고 안에는 수백, 수천 개의 공구가 있기에 그 공구 이름과 고유 번호를 다 외우는 일이 그리 쉬운 일은 아니다. 벽에 걸린 수백, 수천 개의 공구들을 운전병과 정비병들이 타러 오면 일일이 내어 주고 저녁때는 반납 받아야 한다. 또 일일이 장부와 대조해서 숫자를 확인하고 고장 나거나 파손된 공구는 없는지 철저하게 관리해야 한다. 그래도 수송 부대에서는 공구계를 가장 부러워한다. 육체적으로 힘든 일은 하지 않기 때문이다. 공구 창고는 부대 내에서 좀 외진 곳에 떨어져 있어 개인적으로 좀 더 자유롭다. 업무가 끝난 후 창고 안에서 동료들과 라면을 끓여 먹거나, 수송하다 얻어온 닭고기나 돼지고기를 구워서 소주잔을 기울이는 즐거움도 누린다.

그래서 내가 공구계에서 일을 하게 되리라고는 생각지도 않았다. 나보다 똑똑하고 유능한 사병들이 많았기 때문이다. 그런데 어느 날 수송부 선임하사가 나를 불렀다.

"남 일병, 너 공구계에서 일해 볼래?"

깜짝 놀란 나는 "제가 어떻게?"라며 사양했다.

그랬더니 선임하사는 "지난번 중대 도난 사건 때 너를 눈여겨봤어. 한번 해 봐" 했다. 나는 가슴이 두근거렸다. 인정받았다는 사실에 너무 감사했다. 공구계 조수가 되어 공구 창고에서 일을 배우게 되었다. 내 앞 선임이 곧 제대해 나는 공구 창고를 관리하는 책임자가 되었다.

계속되는 놀라운 체험들

자대 배치 받고 첫 봄을 맞았다. 부대 울타리 주변으로 개나리꽃이 유난히 아름답게 피었다. 군데군데 목련, 살구나무처럼 봄에 꽃을 피우는 나무들도 많았다. 아름다운 꽃과 향기들이 남자만 모여 생활하는 군부대에 화사한 봄기운을 전달해 주었다. 나는 병영과 교회 생활에 점점 익숙해지면서 즐거운 마음으로 생활했다. 열심히 교회에 나갔더니 자대 배치 1년여 만에 중대 군종 사병으로 임명 받았다.

내가 군종 사병이 되어 신우 회원들을 인솔하여 교회를 다닌 지 얼마 되지 않아 중대장이 새로 부임했다. 동국대학교 ROTC 출신이었다. 얼굴이 깨끗하고 인자한 인상이었다. 불자였는데 신앙심이 대단했다. 부임 인사를 하며 이렇게 말했다.

"앞으로 매주 일요일 여기 선 중대장과 함께 전 중대원이 법당에 나가 우리 중대를 모범 중대로 만들어 보자."

그 말을 듣고 걱정이 태산 같았다. 중대장은 신우 회원들의 명단을 갖고 한 사람씩 불러 설득했다. 우리 중대를 100퍼센트 불교 신자 중대로 만들자는 것이었다. 신우 회원들은 중대장 말이니 어쩔 수 없어 "예" 라고 대답했다. 중대장은 군종 사병이었던 나를 마지막으로 불렀다.

"남 상병, 이번 주부터 함께 법당 가자. 그래서 우리 중대를 모범 중대로 만들자!"

나는 그때 무슨 용기로 그런 말을 했는지 모르겠다. 하지만 "중대장님, 저는 하나님을 믿고 있습니다. 교회를 나가야 합니다."라고 단호하게 말했다. 일개 사병이 중대장의 말을 거역한다는 것은 당시로서는 있을 수 없는 일이었다. 몇 번 나를 설득했지만 고집을 꺾지 않자 중대장은 불쾌한 표정을 지었다.

"그래? 그러면 남 상병 혼자 교회에 나가도록 해!"

불길한 예감이 들었다. 하지만 내 마음은 흔들리지 않았다. 어떤 사명감 같은 것이 나를 붙잡았다. 당시 나는 교회를 오래 다닌 것도 아니었고 구원의 확신이나 체험도 없었다. 그런데도 뭔지 모를 어떤 힘이 나를 사로잡고 있는 것 같았다. 그때부터 나는 중대 지휘관과 고참들에게 눈밖에 난 사병이 되었다. 고참들은 노골적으로 비아냥댔다.

"임마, 군대가 니 안방이냐? 너 혼자 그렇게 잘나고 똑똑해?"

나는 일이 이렇게 진행될 거라고는 예상 못했다. 당연히 일요일은 교회에 나가야 한다고 생각했고 그걸 말한 것뿐인데 상황이 이렇게 꼬이게 되었다. 그때부터 일요일은 나 혼자 교회에 나가고 다른 중대원들은 모두 중대장과 함께 법당을 나가게 되었다. 중대 신우 회원들은 일요일마다 마음에도 없는 법당을 나갔다. 이들 중에는 모태신앙인, 부모님이 장로 권사인 사병들도 있었고, 교회에서 열심히 봉사하던 사병들도 있었다. 이들의 불만이 쌓여 갔다. 우리는 주일 저녁마다 모여 서로 격려하며 위로했다.

"하나님이 우리를 도와주고 이 문제를 해결해 주실 거야. 하나님께서 우리 중대장님의 마음을 변화시켜 주실 거야. 나는 이 문제를 해결해 주시지 않는다면 하나님이 없다고 생각해."

나는 분명한 확신과 믿음이 있었다.

그러던 어느 날 놀라운 일이 일어났다. 중대장이 부임하고 몇 주 지난 어느 날 밤 보초 근무 시간이었다. 밤 보초 근무는 두 명씩 한 조로 나가 한 시간씩 경계를 선다. 철조망 안에는 군인 한 사람이 다닐 수 있는 통로가 있고, 철조망 밖에는 큰 밭과 그 너머로 차가 다니는 도로가 있었다. 대개 선임병이 초소에서 근무하고 후임병은 경계지역을 오가며 경계를 선다.

나는 그날 선임병과 함께 보초를 서게 되었다. 근무는 밤 1시에서 2시 사이였다. 나는 총을 들고 경계지역을 오가면서 경계를 서고 있었다. 하늘에는 별이 반짝이고 사방이 고요했다. 풀벌레들도 잠이 들었는지 조용했다. 내 마음은 고향으로 날아갔다. 잠들어 있을 어머니 아버지 그리고 사랑스러운 동생들의 얼굴이 떠올랐다, 이런 저런 생각을 하다 마음속으로 기도하기 위해 잠시 멈췄다.

“하나님, 우리 중대장님의 마음을 변화시켜 주십시오.”

그 순간이었다. 철조망 건너 길에 군용차 한 대가 헤드라이트를 끈 채 천천히 움직이고 있었다. 그 차는 바로 내 앞으로 오더니 멈췄다. 차가 다니지 않는 시간이었다. 멈춘 차에서 두 사람이 조용히 내리더니 몸을 낮추어 내 앞으로 살금살금 걸어왔다. 온몸이 오싹했다. 총을 내려 다가오는 두 사람을 향해 조준했다. 두 사람은 내가 있는 것은 모르는 듯했다. 그들이 최대한 가까이 왔을 때 나는 암구호를 외쳤다. 그러자 두 사람은 깜짝 놀라더니 손을 번쩍 들면서 신분을 밝혔다.

“우리는 1군 사령부에서 나온 경계 검열반이다. 경계 잘 섰다.”

그리고 중대 이름과 내 이름을 적고 정문을 통해 일직 사령실로 갔다.

나는 하나님께 감사했다. 만약 내가 그 순간 기도하기 위해 잠시 멈춰 서지 않고 그대로 걸어 내려갔다면 분명히 그 검열반은 철조망을 넘어 들어왔을 것이다. 만일 그렇게 되었다면 우리 대대는 문책을 받았을 것이고 경계 근무를 선 나뿐 아니라 중대장도 큰 어려움을 당했을 것이다. 하나님이 지켜 주신 것이다. 어떻게 경계 검열반이 그 자리에 올 줄 알고 하나님은 그 자리에 서서 기도하게 하셨을까!

이튿날 아침이 되었다. 대대장이 출근했다. 군사령부가 어제 밤 예하 부대 몇 군데를 무작위로 선정해서 특별 경계 감찰을 시행했다는 전문이 도착해 있었다. 우리 대대는 경계 검열반을 적발해 냈고 일직사령실에 가서 경계를 잘 섰다는 사인을 하고 간 것이 확인되었다.

대대장은 기분이 좋아서 중대장을 불러 칭찬했다. 중대장은 근무자인 나를 불렀다.

“남 상병, 어제저녁 근무 참 잘 섰어. 수고했다!”

그때 나는 정직하게 대답했다.

“중대장님, 제가 선 것이 아니라 하나님께서 저 대신 보초를 서 주셨습니다.”

“아니, 그게 무슨 말이야?”

어리둥절해하는 중대장에게 나는 사정을 설명했다. 그랬더니 중대장은 “그래? 남 상병 하나님 멋진데? 다음 주부터 중대 교회 다니는 사병들은 다 교회에 가도록 해”라고 말했다. 온몸에 전율이 일었다. ‘아! 하나님이 이렇게 기도에 응답해 주시다니….’ 나는 중대 신우 회원들에게 지난밤 하나님이 역사하셨던 일을 간증했다. 신우 회원들 역시 몹시 놀라워했다.

그다음 주부터 우리 중대 신우 회원들은 더 뜨겁게 사령부 교회에 가서 예배를 드렸다. 나는 하나님이 살아계신다는 사실을 조금씩, 조금씩 더 체험하기 시작했다.

군 생활이 즐거웠다. 다른 사람들은 이해하기 힘들 것이다. 하지만 나는 뭔지 모를 힘에 붙잡혀 흥분되고 신났다. 마치 야곱이 삼촌 집에서 7년을 봉사하면서 즐겁고 행복했듯이 나 역시 그러했다. 야곱은 7년의 세월이 마치 수일처럼 지나갔다고 고백했다. 나 또한 마찬가지였다.

그러던 어느 날이었다. 중대 인사계장이 내무반으로 들어오더니 중대원들을 불러 모았다. 인사계장은 심각한 표정으로 말했다. 육군본부에서 보급품 검열 특별 감찰을 한다는 전문이 왔다는 것이었다. 어느 부대가 지명될지 모르는 상황이었다. 지명된 부대는 모든 보급품을 특별 감사를 받아야 했다. 군대 보급품에는 반납품과 소모품 두 가지가 있다. 반납품은 총기류 군복 방독면처럼 중요한 품목들이다. 이런 것은 쓰다 고장이 나거나 낡아져 못쓰게 되더라도 반드시 반납해서 보급품 대장에 기록해야 한다. 그러나 소모품은 보급품 대장이 없다. 그야말로 소모품으로 끝이 난다.

그때부터 대대 전 중대는 보급품 특별 감사를 위한 점검에 들어갔다. 보급품 대장에 기록된 대로 단 한 가지라도 빠지거나 분실된 것이 있으면 안 되었다. 중대 보급품을 책임지고 있는 인사계는 비상에 들어갔다. 다른 것은 거의 이상이 없었는데 한 가지 큰 문제가 발생했다. 전 중대원이 신고 있는 실내화 고무신이었다. 중대원 모두에게 한 켤레씩 보급되었는데, 우리는 고무신이 소모품인 줄 알았다. 그래서 대수롭지 않게 생각하고 못쓰게 되면 버리기도 하고 관리를 제대로 하지 않았다. 그런데 이 고무신이 소모품이 아니라 반납품 명단에 포함되어 있는 것이 아닌가!

우리 중대원은 50여 명이 넘었는데 실내화 고무신을 전부 모아 확인한 결과 반이 조금 넘었다. 20켤레 넘게 부족했다. 인사계장 얼굴이 창백해졌다. 인사계장은 불같이 화를 냈다.

"앞으로 며칠 안에 모든 실내화를 채워놓아라. 그렇지 않으면 고참들은

매일 나한테 죽을 줄 알아라."

고참들이 모이더니 중대원들에게 소리를 질렀다.

"이 새끼들, 실내화 전부 어떻게 했어? 앞으로 실내화 다 채워질 때까지 너희들은 우리한테 죽을 줄 알아!"

모든 중대가 발칵 뒤집혔다. 어디든 실내화가 20~30 켤레씩 부족했다. 이것을 모두 채워 넣어야 했다. 고무신 확보 쟁탈전이 벌어졌다. 중대마다 남은 실내화를 보물 보관하듯 숨겨놓고 다른 실내화 찾기에 나섰다. 어디 가서 훔쳐오려고 해도 훔칠 수도 없었다. 매일 저녁 실내화 때문에 한 시간 이상씩 얼차려를 받았다.

어느 날 저녁 점호를 마치고 전 중대원이 얼차려로 온몸이 땀투성이가 된 채 침상에 누워 있었다. 내 옆에 누워 있던 동기가 숨을 헐떡이며 나지막이 말했다.

"무섭아, 하나님께 기도 한번 해봐라. 하나님이 너의 기도는 잘 들어 주시잖아."

나는 그 말을 듣고 생각에 잠겼다. 아무리 생각해도 방법이 없었다. 하나님이 실내화를 비처럼 하늘에서 떨어트려 주실 수는 없는 노릇이었다. 이튿날 새벽 혼자 조용히 침상에서 빠져나온 나는 부대 내 작은 교회로 갔다. 중대 군종 사병이었던 나는 작은 교회를 자주 찾곤 했다. 그래서 교회가 낯설지 않고 익숙했다. 교회 문을 조용히 열고 들어가서 맨 앞자리에 앉아 조용히 머리를 숙였다. 그리고 하나님께 기도했다.

"하나님 이 문제를 좀 도와주십시오. 우리 중대 실내화 문제를 좀 해결해 주십시오."

아침을 먹고 근무지인 공구 창고로 갔다. 대대 본부 행정반에서 연락이 왔다.

"각 중대 공구계는 이번 특별 감찰을 대비해 공구 반납과 서류 정리를 위해 병기창으로 갈 테니 마모된 공구나 고장 난 공구들을 정리해서 대대 본부 앞으로 모여라."

나는 정리할 서류와 고장 난 것들 그리고 반납해야 할 공구들을 큰 박스에 넣어서 대대 본부 앞으로 갔다. 각 중대 공구계들이 다 모였다. 대대 본부에서 준비한 트럭을 타고 사령부 병기창으로 향했다.

차를 타고 밖을 내다보고 가는데 갑자기 내 마음속에 이상한 생각이 떠올랐다.

'병기창 부대는 공구뿐만 아니라 예하 부대 모든 물품들을 반납 받는 부대이니 혹시 실내화도 반납품이 있을지 모르겠다.'

가슴이 두근거렸다. 병기창에 도착하자마자 일을 빨리 마치기 위해 제일 먼저 차에서 내렸다. 일을 마치고 넓은 병기창 부대 뒤쪽을 걸어가면서 찾아보았다. 어느 곳에는 못 쓰는 군화가 산더미처럼 쌓여 있었고, 또 어느 곳에는 군인들이 사용하다 못 쓰고 반납한 물건들이 군데군데 쌓여 있었다. 그렇게 한참을 가다 보니 이게 웬일인가? 실내화가 산더미처럼 쌓여 있었다. 찢어지고 낡은 실내화를 어떤 사병이 불에 태우고 있었다.

가까이 다가가서 책임자에게 조심스럽게 물어보았다.

"이 실내화 몇 켤레 가져가도 되겠습니까?"

그랬더니 책임자가 나를 힐끗 쳐다보더니 별것 다 가져가려 한다는 표정으로 "얼마든지. 태우기도 힘들어 죽겠습니다." 했다. 나는 "고맙습니다." 하고 인사한 뒤 가지고 있던 박스에 실내화를 가득 담았다. 족히 50켤레는 되었다. 나는 마음속으로 "아, 하나님 감사합니다. 하나님이 주셨습니다!"를 수없이 되뇌이며 돌아왔다. 나는 박스를 침상 밑에 숨겨 두고 저녁 점호를 기다렸다.

고참들이 사나운 얼굴로 전 중대원 침상에 일렬로 서라고 고함쳤다. 중대원들은 '오늘도 죽었구나' 하는 생각에 고개를 푹 숙였다. 그때 내가 앞으로 나섰다.

"실내화 찾아왔습니다!"

그러고는 침상 밑에 있던 박스를 꺼내 앞으로 가져갔다. 박스 안에 잔뜩 들어있는 실내화를 본 전 중대원이 경악했다.

“아니 이거 어디서 났어?”

“하나님께서 주셨습니다.”

모두 놀라기도 하고 신기해하기도 했다. 내 옆에 있던 동기는 너무 놀라 큰 충격을 받은 것 같았다.

“아니 무섭아, 정말 이거 어디에서 났어?”

“하나님이 주셨다니까!”

나는 주신 것에 감사하며 오직 하나님께 영광을 돌렸다.

눈물의 전역 간증

성경 다니엘서를 보면, 사드락과 메삭, 아벳느고가 풀무 불 속에 던져졌을 때 거기에는 한 사람이 더 있었다. 그때 네 사람이 손을 잡고 춤을 추었던 것처럼 내 곁에는 마치 한 분이 더 계시는 것 같았다. 1999년 영국 BBC 방송은 온라인 여론 조사를 통해 '지난 1세기 최고의 탐험가 10인'을 선정했다. 그 가운데는 어니스트 섀클턴이란 이름이 포함되어 있었다. 그런데 어니스트 섀클턴은 성공한 탐험가라기보다는 실패한 탐험가에 가까웠다. 1914년 8월 그는 27명의 대원과 남극 대륙 횡단에 나섰다가 배가 좌초되어 중도에 포기할 수밖에 없었다. 그는 얼음덩어리를 타고 표류하다가 18개월 만에 극적으로 구조되었다. 그런데 놀라운 일은 부하들을 단 한 명도 잃지 않고 함께 귀환했다는 것이다. 생존이 불가능한 상황에서 그는 다섯 명의 부하들을 이끌고 6미터짜리 구명보트에 생명을 의지한 채, 얼음산과 해협을 넘어 구조를 요청하러 가는 도중 수없이 죽을 고비를 넘겼다. 섀클턴은 훗날 그때를 회상하며 이렇게 말했다고 한다.

“얼음산을 넘을 때 일행은 분명 세 명이었는데 난 네 명처럼 느꼈다. 이상하게 생각돼 동료들에게도 물어보니 그들도 그랬다는 것이다.”

그는 그때 하나님의 존재를 확실히 느꼈다. 나 역시 뭔지 모르는 힘에 이끌려 황홀감을 느끼며 살았다. 분명히 내 곁에는 한 분이 더 계시는 것 같았다. 나는 하나님의 은혜 안으로 점점 더 깊이 들어가는 것 같았다. 군 생활은 내가 생각지 못했고 기대하지 못한 은혜의 삶이었다. 신우 회원들은 대대 교회에 자주 모여 기도하고 찬송했다. 나는 마침내 대대 군종 사병의 책임을 맡게 되었다. 대대 군종 사병인 내가 예배를 인도하고 설교까지 했다. 설교래야 교회 안 사무실에 있는 유명한 목사님들의 설교를 베껴서 대신 읽는 정도였지만 신우 회원들은 은혜를 받았다. 신학교 문턱에도 가보지 못한 사람이 예배를 인도하고 설교했지만 예배는 뜨거웠고 은혜로웠다. 나는 그때 예배는 사람이 아니라 성령님이 함께 할 때 은혜로울 수 있다는 것을 경험했다. 종종 사령부 교회 군목이 부대를 방문했다. 그러면 군목은 대대 군종 사병인 나를 찾으시곤 했다. 당시 군목의 계급은 중령이었기 때문에 중대장조차 “빨리 가봐”라며 재촉할 정도였다. 이런 일들이 몇 번 반복되자 나는 본의 아니게 유명인사가 되어버렸다. 대대장조차 나를 알아볼 정도였다. 나는 하나님 때문에 대대 안에서 내 역량과 능력에 관계없이 비중 있는 사병이 되었다. 하나님은 나를 이토록 사랑하시고 존귀히 여겨 주셨다. 하나님의 은혜에 그저 감사할 뿐이었다.
신문 배달을 하며 제기동에서 종로2가까지 매일 걸어 야간 검정고시 학원에 다니던 나였다. 검게 탄 누룽지가 섞인 밥그릇을 앞에 놓고 어머니 생각에 눈물을 흘리던 나였다. 칼잠을 두세 시간 자고 새벽 3시면 어김없이 일어나 골목골목을 누비며 "신문이요"를 외치던 나였다. 입영장을 받아들고 절망해서 도살장에 끌려가듯 입대한 나였다. 탈영과 자살을 생각하며 괴로워하던 나였다. 그런 나를 교회로 이끄시고 여기까지 인도하신 분은 하나님이셨다.
"하나님, 저는 하나님을 모릅니다. 그러나 하나님이 정말 살아계신다면 저를 도와주세요. 저를 부모 형제들이 기다리는 고향으로 돌아가게 해 주세요. 무사히 제대하게 해 주세요."
하나님은 그런 나의 기도를 들어 주셨다. 3년의 군 생활을 하나님의 은혜로 잘 마치게 해 주셨다. 어느덧 군 생활이 말년이 되어갔다. 두세 달 후면 제대를 하게 되었다. 혼자 생각하는 시간이 많아졌다. 제대 후 어떻게 살지를 고민하지 않을 수 없었다. 공구 창고에서 혼자 멍하니 앉아 이런저런 생각에 빠져들었다.
'제대한 이후에는 무엇을 해야 하나? 돈을 벌어야지. 어떻게 할까? 우유 배달을 다시 시작해서 돈을 번 다음 장사라도 해야지…. 나는 돈을 벌어야 해. 돈을 벌어서 내 자식에게는 가난이란 이 슬픈 유산을 물려주지 않을 거야!'
그러다가는 또 다른 생각에 빠졌다.

'아니야, 다시 공부를 시작해 봐야지. 여기서 그만둔다면 지금껏 고생한 게 아무런 의미가 없어. 다시 공부해서 대학에 들어가야지. 신문 배달을 하든 무엇이라도 해서 돈을 벌어가며 공부할 거야. 나도 번듯한 대학 졸업자가 되어야지!'

혼란스러웠다. 그런데 생각을 잠시 멈추고 가만히 앉아 있으면 내 마음 깊은 곳에서 이런 생각이 떠오르곤 했다.

'너는 나가서 목사가 되어야 해. 주의 종이 되어야 해!'

이 생각은 쉽사리 마음에서 떠나지 않았다. 나는 학벌도 배운 기술도 없었다. 어쩔 수 없이 맨몸으로 부딪치며 살아야 했다. 장사해서라도 돈을 벌어야 했다. 아니면 다시 공부를 시작해서 대학에 들어가야 했다. 그런데 하나님은 내 마음속에 다르게 말씀하시고 계셨다.

"너는 나가서 나를 위해 살아라. 그것을 위해 너를 여기까지 불렀다."

너무 혼란스럽고 어떻게 해야 할지 몰랐다. 나는 목사가 되는 길도 몰랐고 목사가 어떤 일을 하는 지도 몰랐다. 그저 군에 들어와서 교회에 나가게 되었고 은혜로 여기까지 오게 된 것뿐이다. 우리 집에는 교회를 다니는 사람이 한 사람도 없었다. 대대로 내려오는 유교 집안이었다. 일 년에 제사 지내는 횟수만 열 번이 넘는다. 그런 집안의 장남이다. 가난한 우리 집안을 내가 책임져야 했다. 교회에 다닌다는 소리만 들어도 집안 어른들이 놀라 뒤로 넘어갈 상황인데 목사라니….

그런데도 마음속의 목소리는 시간이 흐를수록 점점 더 강해졌다.

나는 마침내 하나님께 협상하는 기도를 했다.

"하나님, 저는 정말 주의 종이 될 자격이 없습니다. 목사가 무엇을 하는지도 잘 모릅니다. 어떻게 목사가 되는지도 잘 모릅니다. 그러나 하나님께서 저를 목사로 만들어 주시면 제가 목사가 되겠습니다. 하나님 저를 도와주십시오."

나는 하나님께 나를 목사로 만들어 주시면 목사가 되겠다고 다짐했다.

우리 부대는 원주에 있는 제1 군수지원사령부 예하에 있는 부대였다. 영동 고속도로를 타고 원주 인터체인지를 들어서면 제1군사령부를 지나 원주 시내로 들어서는 입구 오른쪽에 긴 담으로 둘러싸인 부대이다. 우리 부대에 들어서면 사람들은 우선 차가 많은 데 놀라고 다음으로는 그 많은 차가 칼로 자르듯이 반듯하게 주차되어 있는 모습에 놀란다.

부대 식당 뒤 우측 편에는 목조로 지어진 예쁜 작은 교회가 있었다. 우리 부대는 대대였기에 군목이 상주하지 않았다. 군목은 보통 연대 이상 부대에 있었다. 그래서 군종 사병이 종종 교회에 들러 관리하고 수요일 저녁 신우 회원들이 모여 예배를 드리곤 했다.

일반적으로 군종 사병은 신학교를 다니다 온 사병으로 군종 병과를 받아 군목 밑에서 일하며 전적으로 교회 관련 일만 했다. 일반 교회로 말하면 부목사 혹은 전도사 역할을 하는 사람이다. 그러나 우리 대대는 대대 안에서 신앙생활을 열심히 하는 사병을 뽑아 군종 사병의 역할을 맡겼다.

나는 공구계를 맡아 공구 창고를 관리하면서 동시에 군종 사병

역할을 했다. 그래서 종종 부대 내 교회에 가 청소하고 신우 회원들을 관리했다. 또 대대 군종 사병들과 대화도 나누고 간혹 군목이 교회를 방문하면 안내하고 예배 준비를 하곤 했다. 지금 생각해도 얼굴이 붉어지고 등에 식은땀이 나는 것은 수요 저녁 예배 때 내가 했던 설교이다.

수요 저녁 예배 때는 대대 군종이 설교해야 했기 때문에 나는 교회 안에 비치된 설교 책 가운데 이것저것을 베껴서 설교하곤 했다. 무슨 설교를 어떻게 했는지 모르지만 어쨌든 그때 나는 사자후를 토했던 것 같다. 그런데 더 놀라운 것은 그때 신우 회원들이 내 설교에 은혜를 받았다는 것이다. 어쩌면 지금보다 그때 설교가 더 뜨겁고 은혜로웠는지도 모른다. 나는 설교에 대해 정말 아무것도 몰랐지만 그때는 나를 통해 성령님이 설교하셨던 것 같다. 나는 종종 그때를 떠올리며 이렇게 기도한다.

"하나님, 정말 아무것도 모르면서 성령에게 붙잡혀 강단에서 외치던 그때 그 열정과 뜨거움을 저에게 주십시오. 성령님이 저를 통해 말씀해 주십시오."

나는 제대하기 바로 전 주일 사령부 황소 교회에서 예배를 드렸다. 그리고 교인들 앞에서 전역 인사를 하고 간증하게 되었다. 사령부 교회 천여 명이 넘는 신우 회원들과 대령인 참모장, 그 외 많은 장교들이 바라보는 가운데 앞으로 나가 인사를 하고 잠시 간증을 했다.

"저는 사회에서 고학으로 공부하여 고등학교 자격 검정고시를 치르고 대학에 들어가기 위해 공부하다 군에 입대했습니다. 처음 군에 들어왔을 때는 너무 괴롭고 힘들어서 어떤 때는 자살을 할까, 탈영할까도 생각한 적이 있습니다. 그런 아픔 속에서 하나님은 저를 교회로 인도하셨습니다. 저는 정든 이 교회에서 예수님을 만났고 주님이 내 죄를 위해 대신 죽어 주신 나의 구세주라는 사실을 알게 하시고 믿게 해 주셨습니다. 저는 주님의 은혜와 사랑 속에서 정말 즐겁고 기쁘게 군 생활을 할 수 있었습니다.

군 생활 3년 동안 하나님은 저에게 많은 것을 체험하게 해 주셨습니다. 저는 그동안 하나님이 아니시면 결코 할 수 없는 많은 기적을 체험했습니다. 여기에 앉아 있는 우리 대대 신우 회원들도 함께 체험한 많은 기적이 있습니다. 군에 와서 처음 교회에 나온 제가 군에서 중대 군종 사병 그리고 대대 군종 사병까지 하면서 하나님의 사랑을 받았습니다. 저는 솔직히 제대하고 사회에 나가서 무엇을 해야 할지 아무것도 계획된 것도, 준비된 것도 없습니다. 그러나 저는 확신합니다. 군에서 제게 찾아오셔서 저를 만나 주시고 저를 여기까지 인도해 주신 우리 주님이 앞으로의 인생길도 인도해 주실 것을 굳게 믿습니다. 저는 그 주님과 함께 사회에 나가 인생을 살아갈 것입니다. 지금까지 저를 위해 기도해 주시고 영적으로 지도해 주신 목사님, 그리고 함께 행복하게 신앙생활을 하면서 지내온 모든 신우 회원 여러분께 하나님의 축복이 늘 함께하시기를 진심으로 바랍니다. 감사합니다."

우레와 같은 박수 소리가 들렸다. 내 눈에는 눈물이 고였다. 신우 회원들 가운데는 눈물을 훔치는 회원들도 있었다. 나는 이렇게 마지막 인사와 간증을 마치고 군대 교회를 마무리했다.

아,
제대!

나는 1976년 7월에 입대해서 1979년 4월에 제대했다. 논산 훈련소에서의 6주간 훈련은 눈물과 땀, 때로는 피로 얼룩진 시간이었다. 고삐 풀린 망아지처럼 살아온 철부지들을 투철한 국가관을 가진 대한민국 군인으로 만드는 연단 과정이었다. 나는 그 6주간 동안 단 하루도 마른 훈련복을 입어본 적이 없었다. 비가 안 오는 날이 없을 정도로 비가 많이 왔고 고된 훈련을 받으면 훈련복은 금방 땀과 흙으로 범벅이 됐다.

나는 논산 훈련소에서 많은 것을 배웠다. 바른 국가관을 배우고, 규칙적인 생활을 배우고, 상하관계의 예의와 질서를 배우고, 공동체의 협동과 양보의 삶을 배웠다. 훈련소에서 생활할 때 함께 훈련을 받은 동료들은 피를 나눈 형제보다 더 끈끈한 우정을 쌓는다. 이것이 흔히 말하는 전우애이리라.

훈련할 때나 행군할 때 목이 말라 수통의 물을 서로 입을 맞대고 나누어 먹는 일, 먹을 것이 생기면 남모르게 옆에 있는 전우에게 손으로 전달해서 아무도 모르게 입으로 가져가던 일, 단체 얼차려를 받고 온몸이 땀범벅이 된 전우들끼리 서로의 얼굴을 닦아 주던 일, 이런 일은 군인 세계에서만 나눌 수 있는 인간적인 의리와 정이었다.

어느 날 훈련을 받다 한 친구가 발목을 삐끗하는 사고를 당했다. 발목이 많이 부어올랐다. 의무실에 가서 치료 받고 약을 타왔지만 입원할 수 없었고 훈련에 빠질 수도 없었다. 훈련소 규율은 엄격해서 훈련 일자를 채우지 못하면 다시 훈련을 받아야 하므로 어떻게든 훈련을 받아야만 했다. 그 친구는 무거운 철모를 쓴 채 발목을 절뚝거리며 M1 소총을 메고 훈련을 받았다. 그렇지 않아도 몸이 약한 친구였는데 다리까지 다쳤으니 여간 힘들어하지 않았다. 보기가 너무 안쓰럽고 안타까웠다. 그래서 행군할 때나 구보할 때 그 친구의 소총을 메고 가기도 하고 무겁고 덜걱거리는 철모를 대신 받아들고 뛰기도 했다.

훈련소를 퇴소할 때 우리는 서로 굳게 껴안았다. 어디서 생활하든 건강하게 군 생활 잘 하고 제대하자고 약속했다. 그 친구는 눈물을 글썽이며 말했다.

“무섭아, 정말 고마웠어. 너 아니었으면 훈련을 마치지 못할 뻔했어. 잊지 않을게!”

나는 원주 제1 군수지원사령부 예하 수송 자동차 대대에서 군복무를 했다. 3년이 채 안 되는 세월이었지만 잊을 수 없는 시간이었다.

나는 군에서 내 인생의 전환점을 맞았다. 바로 하나님을 알고 믿게 된 것이다. 군 생활 내내 하나님의 은혜와 도우시는 손길을 놀랍게 경험하면서 나는 체험적인 신앙으로 무장되었다. 예수 그리스도의 영에 사로잡히게 되었고 하나님을 믿고 미래를 꿈꾸는 사람으로 바뀌었다. 그 이전까지는 육신적이고 세상적인 관점으로만 인생을 생각하고 계획하며 살았다. 그러나 하나님을 만나고 난 후부터 나는 세상을 바라보는 눈이 달라졌다. 내 인생을 생각하고 바라보는 관점이 달라졌다.

하나님의 은혜 안에서 울고 웃으며 눈물과 땀을 흘렸던 3년의 세월이 흘러갔다. 내가 처음 자대에 배치되어 전입신고를 하니 전역을 며칠 남겨 놓지 않은 왕고참 병장이 나를 불렀다.

"어이, 너 이름이 뭐야?"

"예, 남무섭 이병입니다."

"그래? 너 언제 제대지?"

"예 1979년 4월경입니다."

"어이쿠! 그 세월이 과연 올까? 나 같으면 그 세월을 기다리느니 차라리 자살하겠다."

하지만 그 까마득했던 세월이 화살처럼 흘러갔다. 1979년 4월이 내 앞으로 다가왔고 제대하게 되었다. 나는 마지막으로 힘들고 어려울 때 혼자 조용히 의자에 앉아 기도하던 부대 교회를 찾았다. 그리고 강대상 앞에 엎드려 기도했다.

"하나님, 이제 저는 제대 합니다. 제가 처음 논산 수용연대교회에서 기도한 대로 3년간 저와 함께 해 주시고 저를 인도해 주셔서 이렇게 무사히 제대할 수 있게 하신 은혜에 진심으로 감사합니다. 저는 이제 사회에 나가 거친 세상 파도와 싸우려고 합니다. 어리석고 부족해서 자신이 없습니다. 전능하신 하나님께서 저를 인도하여 주옵소서. 제 인생을 하나님께 맡깁니다."

나는 내무반으로 돌아와 눈물과 땀이 배어 있는 구석구석을 둘러보았다. 작은 사물함, 한 사람 겨우 깔고 누울 수 있는 매트리스, 그것이 3년간 나의 안방이었다. 고단함과 그리움이 절절하게 배어있는 곳, 작은 매트리스였지만 거기에 누우면 온갖 시름을 잊고 평화로이 잠들 수 있었다. 이른 아침 기상나팔 소리가 들리면 곤히 잠에 떨어져 있다가도 용수철처럼 벌떡 일어나던 곳, 나는 내 사물함 앞에 앉아 보았다. '남무섭'이라는 이름이 여전히 붙어 있었다.

내무반을 나와 중대 주차장으로 갔다. 중대 차량 40여 대가 주차되어 있었고 작업장과 정비실, 그리고 그 옆으로 공구실이 있었다. 그 공구실이 3년간 나의 작업장이었다. 아침만 먹으면 온종일 머물며 일했던 곳, 넓은 창고 안에는 수백 개의 공구가 걸려 있었지만 나는 눈을 감고도 원하는 공구를 찾아낼 수 있었다. 그 모든 공구들을 나는 수백 번 만지고 닦고 청소하면서 분신처럼 아꼈다.

군에서의 마지막 날, 후배들이 송별식을 마련해 주었다. 송별식이라야 빵과 과자류, 그리고 막걸리 한 주전자가 전부였다. 중대원들과 함께 먹지 못하는 막걸리 한 잔을 억지로 들이켰다. 함께 이야기를 나누며 노래를 부르고 마지막으로 중대원들에게 인사를 했다.

"여러분, 여러분과 함께 어느덧 3년이란 세월이 지나갔습니다. 힘들고 어려웠던 그동안의 시간이 참으로 긴 세월처럼 느껴졌는데, 막상 오늘을 맞고 보니 함께 했던 그 시간들이 너무 빠르고 행복한 시간들이었습니다. 저는 군에서 참 많은 것을 배우고 얻고 제대합니다. 무엇보다 저는 군에서 예수님을 만났고, 주님과 함께 이제 이 부대를 떠납니다. 지난 3년간 저와 함께 하셨던 주님이 앞으로의 인생길에도 함께 동행해 주실 것을 굳게 믿습니다. 그래서 저는 평안한 마음으로 정든 이 부대를 떠날 수 있습니다. 지난날 여러분과 함께했던 그 모든 순간들은 내 인생에서 절대 잊을 수 없는 행복한 순간들이었습니다. 여러분을 만났고 함께 했던 모든 일에 대해 하나님께 진심으로 감사합니다. 혹시 저 때문에 육체적으로나 정신적으로 아픔을 겪은 분들이 있다면 이 시간을 빌려 용서를 구합니다. 여러분 모두 건강하게 남은 군 생활을 마치고 제대하여 사회에서 다시 만날 수 있기를 진심으로 바랍니다."

인사 하는 나의 눈에 눈물이 흘렀다. 중대원들의 눈에도 눈물이 흘렀다. 그렇게 송별식을 마치고 자리에 누웠지만 잠이 오지 않았다. 이리저리 뒤척이며 군에서의 마지막 밤을 보내고 제대의 아침을 맞았다. 3년간 정들었던 현역병 군복을 벗고 마침내 예비군복으로 갈아입었다. 대대장실에 가서 전역 신고를 하고 중대로 돌아왔다.

중대장과 잠시 대화를 나누었다.

"남 병장, 그동안 고생 많았어! 사회에서도 군에서처럼 열심히 살아!"

"중대장님, 그동안 고마웠습니다!"

그렇게 전역 인사를 마치고 중대장실을 나왔다. 후배들이 두 줄로 연병장에 서서 손을 흔들며 대기하고 있었다. 모두가 정든 얼굴이었다. 훈련할 때나 단체 얼차려를 받을 때 서로 눈물과 땀을 닦아 주며 함께 아픔과 고통을 나누던 전우들이었다. 군에 입대하는 날부터 바라고 기다리던 날이었는데, 막상 그 날을 맞고 보니 지난 3년이 너무 빨리 지나간 것 같았다. 정들었던 전우들을 바라보고 있으니 발걸음이 떨어지지 않았다. 요란한 박수 소리가 들렸다. 그리고 함께 외치는 소리가 들렸다.

"남 병장님, 나가서 꼭 성공하십시오!"

"남 병장님, 우리 다시 만나요!"

그런 전우들의 외침을 들으며 한 사람 한 사람 악수를 나누었다. 자꾸 흘러내리는 눈물을 애써 감추었다. 군부대 정문까지 박수 소리, 손을 흔드는 모습, 안녕히 가세요, 또 만나요 하는 소리가 내 뒤를 좇았다. 나는 고개를 푹 숙인 채 정문을 걸어 나왔다. 정문 앞에서 지난 세월 정들었던 연병장 구석구석을 마지막으로 뒤돌아보았다. 자꾸 눈물이 쏟아졌다. 뿌연 시야 때문에 연병장의 모습이 갈수록 뭉개졌다.

'이제 세상으로 나가서 열심히 살자! 성공하자!'

그렇게 나는 군에서 제대했다.

제3부

내 인생을 일으켜 세워 주신 분

대광교회 청년부

제대한 나는 고향으로 돌아가 부모님께 인사를 드렸다. 부모님은 건강하게 군 생활을 마치고 돌아온 아들의 모습에 무척 반가워하셨다. 그러면서 그동안 고생 많았으니 한동안 집에서 푹 쉬라고 하셨다. 하지만 한가롭게 놀 형편이 안 되어서 나는 곧바로 서울로 올라왔다. 막상 서울로 올라오기는 했지만 갈 곳이 없었다. 무엇을 해야 할지 그저 막막할 따름이었다.

생각 끝에 군에 가기 전 우유 배달을 했던 보급소를 찾아갔다. 보급소 총무는 아직 그대로 근무하고 있었고 나를 보더니 무척 기뻐하며 반갑게 맞아 주었다.

"아니 남군, 벌써 제대했어? 면회라도 한번 갔어야 했는데 미안하게 됐네. 그래 제대를 했으면 뭐라도 해야지. 계획한 것이 있어?"

"없습니다. 그래서 찾아왔습니다."

"그래? 잘됐네! 배달원 한 명이 개인 사정으로 그만두겠대. 자리가 날 거야. 그러면 남군이 그 지역을 맡아 배달해."

총무는 마치 오랫동안 찾던 사람을 만난 것처럼 좋아했다. 나는 이것조차도 하나님이 예비해 두신 것 같아 너무 기뻤다. 그날부터 나는 우유 보급소 숙소에서 생활하면서 다시 앞날을 천천히 준비하기로 마음먹었다. 우유 배달은 나에게 그리 어려운 일이 아니었다. 우유 배달을 하면서 또다시 공부를 시작했다. 대학을 가겠다는 꿈을 버릴 수 없었다. 저녁 시간에 학원을 등록하고 공부를 시작했다.

공부할 곳을 찾던 중 남산에 있는 국립 도서관 이야기를 들었다. 남산 도서관은 과거 남산 어린이 회관을 개조해 도서관으로 이용하던 곳이다. 이용료가 없어서 조금만 늦게 가도 자리를 맡기 힘들었다. 자리를 잡기 위해 새벽부터 줄을 서는 학생들이 많았다. 나는 일찍 배달을 끝내고 그곳으로 가서 항상 첫 번째 아니면 두 번째로 줄을 섰다. 새벽에 우유 배달을 하고 남산 도서관에 가서 공부하고 저녁에는 학원에서 공부하는 생활이 시작되었다.

우유 배달을 하면서 보급소 숙소 근처에 있는 대광교회를 다녔다. 그리 큰 교회는 아니었지만 따뜻하고 정이 있는 교회였다. 주일 아침이면 일찍 배달을 마치고 숙소로 돌아와 세수하고 옷을 갈아입었다. 교회에서는 많은 분이 친절하게 맞아 주었고 특히 청년부에서 나에게 관심을 가져주었다. 나는 그런 관심이 적잖이 부담되었다. 내가 우유 배달을 하는 것이 알려질까 봐 두려웠다.

예배를 마치고 교회 밖으로 나오면 어느새 청년 임원들이 밖에서 기다리고 있었다.

“형제님, 반갑습니다! 우리와 함께 차라도 한잔 마시고 가세요. 청년부 모임에 참석하세요.”

하지만 부끄럽고 쑥스러웠던 나는 “미안합니다. 오늘 바쁜 일이 있어서요”라고 얼버무리며 교회 밖으로 뛰쳐나왔다. 사실 속으로는 나도 청년부 모임에 참석하고 싶었다. 교회 청년부에는 참 착하고 예쁘게 생긴 자매가 항상 웃으면서 반갑게 인사를 해 주었고 친절하게 대해 주었다. 나는 마음속으로 ‘참 좋은 자매’라고 생각하고 있었다. 하지만 그 자매에게 내가 우유 배달 사원이라는 사실을 결코 알리고 싶지 않았다.

그러던 어느 주일날이었다. 예배를 드리고 밖으로 나오는데 역시 청년부 임원들이 밖에서 기다리고 있었다. 나는 바빠서 청년부에는 참석할 수 없다고 단호하게 말하고 나와 버렸다. 그리고 보급소로 돌아와 점심을 먹고 혼자 숙소에 누워 있는데 밖에서 문을 두드리는 소리가 들렸다.

“계세요?”

나는 벌떡 일어나 밖으로 나가 문을 열었다. 그런데 이게 웬일인가? 문밖에는 교회 청년 임원들이 여럿이 와 서 있었다. 그중에는 나에게 항상 웃으면서 친절하게 대해 주었던 그 자매 역시 밝게 웃으며 서 있었다. 나는 부끄러워 몸 둘 바를 몰랐다.

"아니 어떻게 여기를 알고…. 드…, 들어오세요."

나는 어쩔 줄 몰라 하며 숙소 안으로 안내했다. 숙소는 나무판자로 막아 놓은 방이었고 배달할 때 입는 옷가지들이 여기저기 널려 있었다. 남자 배달 사원들이 함께 생활하는 곳이어서 담배 냄새와 땀 냄새가 절어 있었다. 절로 얼굴이 붉어졌다.

"방이 누추해서 미안합니다!"

나는 배달하고 남은 우유 몇 개 가지고 와서 한잔씩 대접했다. 그런데 찾아온 청년부 임원들은 나의 환경에는 별로 개의치 않았다. 얼마나 친절하고 유쾌하게 대화를 하며 나를 대해 주는지 마치 오래된 친구 같았다. 나는 청년들과 대화를 하면서 나를 간단히 소개하고 내 형편과 생활이 부끄러워 청년부에 나오지 못했다고 솔직히 고백했다. 솔직하게 마음을 고백하자 내 마음이 편안하고 가벼워졌다.

그 이후부터 나는 대광교회 청년부에 가입하고 함께 어울렸다. 숨기고 감추었던 자신을 드러내고 나니 부끄러움이 사라지는 것 같았다. 그 이후 난 가난하고 초라한 내 모습이 그렇게 부끄러운 것만은 아니라는 사실을 조금씩 깨닫게 되었다. 비록 지금은 가난하고 초라하지만 열심히 살아가는 태도가 훨씬 더 귀하고 중요하다는 사실을 알게 되었다. 그때부터 다른 청년들과 당당하게 어울리고 청년부 임원도 하고 회장까지 맡게 되었다.

첫 성령 체험,
가평 수련회

이듬해 여름이었다. 대광교회 청년부에서는 가평으로 여름 수련회를 가기로 했다. 청년부는 수련회 준비로 분주했다. 인원을 파악하고 준비 기도회를 하기도 했다. 나는 한 번도 교회 수련회를 가본 적이 없었다. 청년부 임원들은 "무섭 형제, 이번 수련회 꼭 같이 가요"라며 권유했다. 그러나 나는 갈 수 없었다. 우유 배달은 하루도 빠뜨릴 수 없었다. 우유 배달은 매일 정확한 시간에 신선한 우유를 배달하는 것이 생명이다. 아침에 배달된 우유로 식사를 대신하고 학교를 가거나 직장에 가는 사람들이 많았다. 수련회 때문에 이틀씩이나 배달을 중지할 수는 없는 노릇이었다.

형편은 어려웠지만 웬일인지 나는 수련회에 가고 싶은 생각이 간절했다. 사정을 모르는 청년부원들은 만날 때마다 함께 가자고 이야기했다. 별의별 궁리를 다 짜내 봤지만 뾰족한 수가 없었다. 고민 끝에 생각해 낸 것은 이틀치를 미리 신청해 다음날 우유를 오후에 배달하는 것뿐이었다. 이것을 총무가 허락해 주어야 하는데 허락해 줄지 자신이 없었다. 며칠을 주저하고 고민하다가 총무에게 사정 이야기를 했다.

총무는 상당히 난처한 표정을 지었다.

"남군, 그건 어렵네. 첫째는 본사에서 들어줄지 모르는 일이고 만약 사장님이 아시면 난리가 날 걸세!"

어느 정도 예상은 했지만 막상 이야기를 듣고 보니 마음이 무겁고 낙심되었다. 그러나 수련회에 가고 싶다는 생각은 간절했다. 나는 더 열심히 배달하면서 보급소로 돌아와서는 총무가 하는 일을 도우며 허락을 받아 내기 위해 애썼다. 수련회가 얼마 남지 않은 어느 날, 나는 총무에게 또 한 번 사정 이야기를 했다.

"총무님, 제가 더 열심히 하겠습니다. 이틀만 시간을 주세요."

총무는 어쩔 줄 몰라 했다.

"알았네. 본사에 부탁해 보고 허락해주면 그렇게 하도록 해 보겠네."

나는 너무 기뻐서 어쩔 줄을 몰랐다.

이렇게 해서 청년부 수련회에 참석하게 되었다. 가평 수련회에는 20여 명이 참석했다. 어느 동네 건너편 산자락 밑에 큰 천막을 치고 2박 3일 숙식을 하면서 수련회를 가졌다. 오랜만에 보급소 숙소를 벗어나 교회 청년들과 함께 야외에 나오니 마치 어린아이가 된 기분이었다. 오전에는 성경공부와 그룹 모임을 했고, 오후에는 산책 물놀이 등

자유시간을 가졌다.

청년들끼리 해 먹는 밥이 꿀맛 같았다. 가끔 옥수수며 감자를 삶아 간식을 먹었는데 너무 맛있고 즐거웠다. 수련회 마지막 날 저녁이었다. 저녁 예배를 드리고 함께 기도하는 시간을 가졌다. 전도사님의 인도에 따라 합심해서 통성으로 기도하는 시간을 가졌다. 모두 뜨겁고 간절하게 기도했다. 그룹으로 모여 앉아 함께 기도 제목을 나누면서 기도하는 시간도 가졌다. 모두 눈물을 흘리며 뜨겁게 기도하는데 나는 왠지 눈물도 나지 않고 제대로 기도가 되질 않았다.

천막 안에서 합심 기도가 끝나자 전도사님은 각자 흩어져서 개인 기도를 하자고 제안했다. 우리는 기도의 뜨거움과 열기에 사로잡혀 각자 흩어져서 개인 기도를 했다. 어떤 청년은 산 쪽으로, 어떤 청년은 나무 밑으로, 어떤 친구들은 텐트 안에 남아서 열심히 기도했다. 나는 망설이다가 마땅히 갈만한 곳이 없어 개울가로 나왔다. 다른 친구들은 울면서 뜨겁게 기도하는데 나는 그런 간절한 기도가 나오지 않아 답답하고 우울했다.

'내일이면 신났던 수련회를 마치고 다시 우유 보급소로 돌아가야 한다. 초라한 숙소에서 새벽 3시면 일어나 우유를 배달하는 배달꾼이 되어야 한다.'

나는 대학이나 직장을 다니는 청년들과 어울리면서 마치 나도 그들 중 한 명이 된 것 같은 착각에 잠깐 빠져 있었다. 하지만 수련회가 끝날 시간이 되자 원래의 자리로 다시 내동댕이쳐진 자신을 발견했다.

개울가에 혼자 앉아 있는데 이런저런 생각들이 머리를 스쳤다. 자신이 너무 초라하고 슬프게 느껴졌다. 흐르는 물소리를 들으며 혼자 앉아 있었다.

가평의 밤하늘은 맑고 깨끗했다. 밤하늘의 별들은 은가루를 뿌려 놓은 듯 영롱했다. 주위 숲속에서 이름 모를 풀벌레 소리, 산새 소리들이 간간이 들려왔다. 그 순간 이상한 느낌이 들었다. 나는 신비한 황홀경에 사로잡혔다. 맑게 흐르는 시냇물 소리, 밤하늘에 반짝이는 은하수, 나를 둘러싸고 있는 나무와 숲, 그 속에서 들려오는 풀벌레 소리, 산새 소리…. 나는 그 모든 것들과 하나가 되었다. 다른 세계에 와 있었다.

신비한 황홀경 속에 홀로 앉아 있는데 내 뒤에 누가 온 것 같았다. 뒤를 돌아봤지만 아무도 보이지 않았다. 잠시 후 또 사람이 온 것 같았다.

뒤를 돌아보며 사람을 찾았으나 아무도 보이지 않았다. 성령님이 그곳에 오신 것이 확실했다. 그 순간 내 마음속에 강한 감동과 음성 같은 것이 들렸다.

"예수님이 온 세상 사람을 위해 십자가에서 대신 돌아가셨어. 예수님이 온 세상 사람을 위해 십자가에서 죗값을 치르셨어."

'예수님이 온 세상 사람을 위해 십자가에 돌아가셨단 말이야? 예수님이 온 세상 사람을 위해 십자가에 돌아가셨다면 나도 그 온 세상 사람 속에 포함되어 있잖아…. 어? 그렇다면 예수님이 나를 위해 십자가에 돌아가셨단 말인가? 예수님이 내 죗값을 위해서 돌아가셨단 말인가? 그래 맞아! 예수님이 내 죗값을 위해 돌아가셨어. 예수님이 내 죗값을 치러 주셨어. 그래 나는 예수님 때문에 죗값이 치러진 거야! 나는 예수님 때문에 죗값이 해결되었어! 나는 죄 문제가 해결되었어!'

수천 볼트 전기에 감전되듯 엄청난 감동이 내 영혼 속으로 밀려 들었다. 지금까지 말로만 듣던 예수님의 십자가 죽음, 인간을 위한, 온 세상을 위한 십자가의 죽음이 구체적으로 느껴졌다. 예수님의 십자가가 내 영혼 속으로 들어왔다. 하염없는 눈물이 흘렀다.

"그래, 예수님이 나를 위해 십자가에서 죽어 주셨어! 예수님이 내 죗값을 치러 주신 거야! 나는 예수님 때문에 죄 문제가 해결되었어! 용서를 받은 거야…."

아무리 닦아내도 흐르는 눈물을 주체할 수 없었다. 온통 성령에 사로잡혀 나는 천국의 황홀함 속에 붙잡혀 있었다.

'그렇다면 나는 주님을 위해 무엇을 해야 하나? 나도 주님을 위해 살아야 해! 주님을 위해 살 거야. 앞으로 오직 주님만을 위해 살 거야!"

그 순간 나와 가까웠던 교회 친구 김일준 형제가 다가왔다.

"무섭 형제, 여기서 뭐해? 다들 천막 안에 모여 있는데…."

많은 시간이 흘러 있었다. 기도 시간이 끝나고 모두 모여 다른 프로그램을 진행하고 있었다. 나는 그런 줄도 모르고 계속 혼자 그곳에 앉아 있었던 것이다.

모험의 길을 택하라

우리나라 골프선수인 이정은의 수필이 미국 골프지에 소개되어 감동을 주었다. 이정은 선수는 미국 프로 골프에서 우승해서 신인상을 받았다. 그녀의 글 '많은 이가 가보지 않은 나의 길'은 이렇게 시작된다.

> 모든 삶에는 결정적 순간이 있다. 어떤 선택을 하든 선택해야만 하는 갈림길이 나온다. 넓고 안전하고 쭉 뻗은 길을 택할 것인가, 아니면 좁고 울퉁불퉁하고 끝을 알 수 없는 커브 길을 택할 것인가? 나는 인생에서 두 번의 '결정적 순간'을 맞았다. 첫 번째는 17세 때 서울로 '골프 유학'을 오라는 한 교습가의 제안이었다.
>
> 전남 순천의 농촌 마을에서 휠체어 장애인 아버지, 어머니와 함께 살아온 나는 덜컥 겁이 났다. 아버지를 떠날 수 없다는 완벽한 핑계도 있었다. 낯선 도시 생활이 두려웠고 실력도 자신 없었다. 그러나 고민 끝에 서울행을 결심했다. 서울에 온 뒤 외로움, 눈물과 함께 생활하면서 아마추어 대회에 나가 우승하기 시작했다. 한국 여자 프로 골프 투어에 뛰어들어 '이정은'이란 이름을 가진 6번째 선수가 됐다. 6승을 올리고 2017, 2018년 상금왕을 차지했다.
>
> 스타로 발돋움한 나는 두 번째 갈림길에 섰다. 모든 것이 낯설지만 더 큰

꿈을 펼칠 수 있는 미국 무대에 도전할 것인가, 아니면 언어, 환전, 음식, 시차 걱정할 필요 없고 충분한 수입도 보장되는 한국에 머물 것인가?

그때 나는 서울행을 결심했던 열일곱 살 때를 떠올렸다. 그때 불확실하고 평탄치 않은 길을 택하지 않았다면 나는 미국 여자 오픈 우승도 못했을 것이고 미국 골프 투어 신인상도 받지 못했을 것이다.

아버지는 내가 네 살 때 트럭을 운전하다 교통사고로 하반신을 쓸 수 없게 되었다. 아버지는 새로운 환경에 적응하고 가족을 위해 최선을 다하면서 삶을 밀고 나갔다. 그 선택이 그의 삶을 바꿔놓았고, 아버지를 보며 자란 내 삶도 바뀌었다.

이정은 선수는 3개월간 원고를 통째로 외운 끝에 지난해 LPGA 투어 신인상 수락 연설을 완벽한 영어로 해내 기립박수를 받았다. 그녀는 "쉽지도, 순탄하지도 않다. 가볼 만한 가치가 있는 길은 다 그렇더라. 이제 겨우 스물네 살이지만 오래전에 내가 배운 교훈이다."라며 연설을 마무리했다.

하반신 마비의 아버지와 가정을 지키기 위해 홀로 일했던 어머니 밑에서 자란 이정은이라는 소녀가 한국을 대표하는 세계적인 골프선수가 된 것은 "넓고 안전하고 쭉 뻗은 길을 택하지 않고 울퉁불퉁하고 끝을 알 수 없는 급커브 길을 택했기 때문"이었다.

뭔가를 성취하고 이뤄낸 사람들은 대부분 쉽고 평탄한 길을 택하지 않고 힘들고 어려운 모험의 길을 선택했다.

나 역시 쉽고 안전하고 평탄한 길보다는 울퉁불퉁하고 모퉁이가 많은 모험의 길을 선택했다. 하나님이 내 인생의 안내자이자 목자가 되어주실 것을 믿으며….

청파동 대한신학교 야간 학부

수련회에서 돌아온 나는 우유 배달을 하며 시간 나는 대로 공부를 계속했다. 그러던 어느 날이었다. 독서실에 가서 공부하다 잠시 쉬기 위해 독서실 사무실에 잠깐 들렀다. 사무실에서 나오는데 광고 전단지 한 장이 눈에 띄었다. 내용을 슬쩍 보며 지나치는데 '신학교'라는 글자가 눈에 띄었다. 나는 걸음을 멈추고 전단지를 집어 들었다. '대한신학교 학생 모집' 광고였다.

그 중 '야간'이라는 말이 눈에 들어왔다. 낮에 일하고 밤에 신학 공부를 해서 목사가 되는 과정을 상세히 소개하고 있었다. 당시 대한신학교는 청파동 언덕 위에 있던 신학교로 직장인과 어려운 신학생들을 위해 야간에만 공부하던 신학교였다. 가슴이 두근거리며 쿵쾅거리기 시작했다.

"신학교에 들어갈까?"

제대하고 사회에 적응하기 위해 분주히 일하면서 어느 틈엔가 군에서 생활했던 일들이 조금씩 잊혀 가고 추억이 되어가고 있었다. 제대를 얼마 앞두고 나는 이렇게 기도했다. "하나님, 나는 목사가 되는 방법을 모릅니다. 목사가 무엇을 하는지도 모릅니다. 그러나 하나님께서 저를 목사로 만들어 주시면 목사가 되겠습니다." 하지만 그 약속을 잊어버린 채 정신없이 살았다.

"이것도 하나님이 하신 일인가?"

이튿날 나는 배달을 일찍 끝내고 청파동 대한신학교를 찾아갔다. 물어물어 찾아간 학교는 서울역을 지나 서부역 뒤편 언덕에 있었다. 만리동 언덕 위에서 차를 내려 한참 내려온 후 다시 가파른 언덕을 걸어 올라가니 꼭대기에 파란색으로 지어진 건물이 보였다. 교무실을 찾아가 이것저것 물어보니 담당 직원이 친절하게 안내해 주었다. 무엇보다 내가 신학교에 들어갈 수 있는 자격이 된다는 사실에 안심했다. 고등학교 졸업에 세례를 받은 자로 신앙생활을 열심히 하며 담임 목사님의 추천이 있어야 한다는 것이었다. 나는 군에 입대하기 전 고등학교 졸업 자격 검정고시에 합격했고 군에 들어가서는 세례를 받고 군종 사병까지 했기 때문에 특별히 문제될 것은 없었다. 나를 향하신 하나님의 뜻을 조금은 알게 되었다. 그렇게 어려운 환경 속에서도 공부하고 싶은 열망을 갖게 하시고 검정고시에 합격해서 고등학교 졸업 자격증을 갖게 하셨다는 것이 얼마나 다행한 일인지 감사했다.

대광교회 담임목사였던 최대준 목사님을 찾아갔다. 마음속 계획을 이야기하고 신학교에 들어가고 싶다고 말씀 드렸다. 목사님은 너무 기뻐하시면서 기꺼이 추천서를 써주시겠다고 약속했다. 그러면서 "신학교에 들어가려면 먼저 기도를 많이 하면서 준비하라"고 일러 주셨다. 함께 청년부에서 신앙생활을 하던 김성수 형제도 마침 기도원에 갈 생각이어서 함께 가기로 했다. 우리는 청계산 기도원에 가서 3일 금식기도 하는 시간을 가졌다.

단단히 각오하고 기도원에 올라왔지만 식욕이 왕성한 이십 대 초반의 우리에게 금식기도는 쉽지 않았다. 이튿날 아침부터 기운이 하나도 없고 힘이 들었다. 식사 때마다 음식 냄새가 식욕을 더욱 자극했다. 우리는 참아야 한다며 서로를 격려했다. 그리고 산에 올라가서 부르짖으며 기도하고, 울면서 기도했다. 난생처음 하는 금식기도가 힘들고 어려웠지만, 처음으로 하나님께 간절히 매달리며 기도하는 시간을 가졌다. 우리 두 사람은 힘들고 어려웠던 금식기도를 마치고 집으로 내려왔다. 그해 우리는 기도 응답으로 나는 신학교에 들어가게 되었고 김성수 형제는 성균관대학교 야간부에 들어가게 되었다.
대한신학교는 '눈물의 선지자'로 알려진 고 김치선 박사님이 설립한 학교다. 김 박사님은 이 땅의 복음화를 위해 "2만8천 동리에 가서 우물을 파라"는 설립 이념을 갖고 신학교를 세웠다. 당시 우리나라는 전국 방방곡곡이 2만8천 동리였던 모양이었다. 그분은 교회에서나 학교 강단에서 하나님의 말씀을 증거하실 때마다 눈물을 흘리며 복음을 외치셨다고 한다. 그분의 가슴은 십자가 사랑의 복음으로 가득하셨던 것 같다. 그리고 학생들에게 "너희들은 이 학교를 졸업하면 전국 방방곡곡에 가서 교회를 세우고 개척하라"고 말씀하셨다고 한다. 설립자의 신앙과 이념에 따라 대한신학교는 정말 뜨거운 학교였다. 채플 시간이 되면 학생들의 찬송과 기도 소리가 얼마나 뜨거웠는지 모른다. 우리 모두의 가슴속에는 졸업하면 어디를 가서든 교회를 개척하고 복음을 전하겠다는 사명감으로 불타고 있었다. 나 역시 그때부터 복음에 대한 열정, 개척에 대한 사명감을 마음속에 담아가고 있었던 것 같다.
나는 수금을 하거나 거래처 확장을 위해 지역에 나가는 경우를 빼고는 항상 학교 도서관에 나와 공부하고 야간에 수업을 들었다. 수업을 마치고 중화동에 있던 보급소로 돌아오면 밤 11시가 넘었다. 다 식은 저녁을 먹고 자다가 새벽 3시면 우유 배달을 나갔다. 우유 배달을 하며 학교를 다녔지만 어려운 형편은 마찬가지였다. 보급소에서 생활하다 보니 도시락을 준비하기는 불가능했다.

도서관에서 함께 공부했던 몇몇 친구들 역시 어렵게 생활하기는 마찬가지였다. 그 친구들과 함께 학교 앞 문구점에서 판매하는 라면을 사 먹거나 서울역 뒤편 서부역 직원 식당에서 밥을 먹었다. 직원 식당은 값이 싸고 양이 많아 우리는 종종 그곳을 이용했다. 직원만 이용할 수 있는 식당이었는데 우리가 가난한 신학생인 것을 알고는 모른 척 눈감아 주었다.

행복한
성화교회 전도사

신학교 1학년 10월의 어느 금요일이었다. 수업을 마치자 같은 반에서 공부하던 신학생 한 명이 이렇게 광고했다.

"여러분, 제가 교회를 개척하여 목회하고 있는데 시간이 되는 분은 오늘 저녁 우리 교회에 가서 함께 기도해 주시지 않겠습니까?"

나와 몇몇 반 동료들은 전도사님과 함께 교회로 향했다. 그분은 박재영 전도사님으로 당시 나이가 50이 넘은 분이었다. 장로님으로 섬기시다 신학교에 들어오셨다. 점잖고 인품이 훌륭했다. 성화교회는 도로변 허름한 2층 상가 건물에 있었는데 너무 초라하고 모습이 말이 아니었다. 의자 없이 시멘트 바닥에 장판을 깔아 놓고 가운데 연탄난로가 있었다. 유리 창문은 더러 깨졌고 문이 맞지 않아 찬바람이 들어왔다. 더 놀랐던 것은 그런 건물의 반을 막아 다른 한쪽은 사택으로 사용하고 있다는 점이었다.

박 전도사님의 가족은 사모님과 20대 초반의 두 딸, 고등학생 아들, 중학교에 다니는 막내딸 이렇게 여섯 식구였다. 이 여섯 식구가 상가 2층에 비닐로 대충 막아 방을 만들고 주방을 만들어서 생활하면서 교회를 개척하고 있었다. 나는 그 모습을 보고 속으로 너무 놀랐다.

전도사님은 이렇게 간증했다.

"우리 할아버지와 아버지는 장로님이셨고, 한국 교회 초창기에 복음을 받아들인 기독교 가정이었습니다. 나는 하나님의 은혜로 좋은 대학을 다녔고 상공부 과장까지 지내면서 그야말로 세상 부러울 것 없이 잘 나갔습니다. 하지만 세상의 쾌락에 빠져 못된 짓만 골라 하다가 하나님의 매를 맞았습니다. 그 많던 돈을 다 날리고 몸에는 병이 들어 결국 하나님 앞으로 다시 돌아왔습니다. 앞으로는 하나님 앞에서 살기 위해 신학교에 들어왔습니다. 그리고 교회를 개척해서 주의 일을 하고 있습니다."

가슴이 아팠다. 탕자가 아버지 앞으로 돌아온 모습 같았고 무엇보다 가족의 모습이 너무 안타까웠다. 나는 그날 밤 친구들과 함께 그 교회를 위해 눈물로 기도했다.

그런데 기도하면 할수록 마음속에 이상한 생각이 자리 잡으며 떠나가지 않았다. 내가 부족하지만 박 전도사님을 도와 이 교회를 섬겼으면 좋겠다는 생각이 들었다. 집으로 돌아와서도 전도사님과 교회, 그 가족의 모습이 마음에서 떠나질 않았다.

그 다음 주 나는 학교에서 박 전도사님을 만나 이야기했다.

"전도사님, 저는 아침에 우유 배달을 하면서 학교 다니고 있습니다. 그러니 사례비는 걱정하지 마십시오 제가 전도사님 교회를 섬기고 싶은데 괜찮겠습니까?"
전도사님은 나의 손을 덥석 잡으며 너무 좋아했다.
"정말 그래 주시겠습니까? 무섭 형제가 나를 도와준다면 너무 고맙겠습니다. 나는 우리 교회를 섬겨 줄 전도사님을 위해 기도하는 중이었습니다. 사실 나는 무섭 형제를 늘 눈여겨보고 있었습니다. 하나님이 저와 우리 가족의 기도에 응답해 주셨습니다."
그렇게 해서 나는 성화교회를 섬기게 되었다. 난생처음 전도사가 되어 가족 같은 교회에서 분에 넘치는 대접과 사랑을 받았다. 주일학교, 중고등부, 청년부를 섬기는 축복을 누리게 되었다. 하지만 중화동에서 역곡에 있는 성화교회까지 가는 일은 쉽지 않았다. 중화동에서 버스를 타고 청량리 역으로, 청량리 역에서 지하철을 타고 다시 역곡 역으로, 그런 다음 다시 버스를 타거나 걸어서 성화교회까지 가야 했다. 아침 9시에 주일학교 예배가 있었기 때문에 숙소에서 7시에는 출발해야 했다. 새벽 3시에 일어나 배달을 끝내고 숙소에 가서 씻고 옷을 갈아입고 나서기가 여간 촉박하지 않았다. 시간을 맞추기 위해 주일은 다른 날보다 배달을 빨리 끝내기 위해 더 분주히 뛰었다. 그렇게 뛰다보면 온몸이 땀으로 흠뻑 젖었다.

그런데도 주일 아침이 그렇게 즐겁고 행복할 수 없었다. 아침 9시에 주일학교 예배를 드리고 10시에는 중고등부 예배, 11시에는 박 전도사님의 장년 예배에 참석했다. 점심을 먹고 다시 오후 2시 주일학교 예배, 3시 중고등부 예배, 5시 청년부 예배, 이렇게 모든 부서가 오전 오후 예배를 드렸다. 마지막 오후 7시 저녁 예배를 드리고 정리를 하면 밤 9시가 되었다. 주일은 항상 밤 11시가 넘어야 숙소로 돌아올 수 있었다. 몸은 피곤했지만 그렇게 행복하고 즐거울 수가 없었다.

박 전도사님이 혼자 모든 것을 하실 때와는 달리 젊은 전도사가 주일학교 중고등부 청년부를 봉사하니 교육기관이 조금씩 부흥되기 시작했다. 주일 오후 잠시 시간이 나면 나는 주일학교 학생들과 중고등부 학생들을 데리고 밖으로 전도하러 나갔다.

당시 역곡 주변에는 공장이 많았다. 공장에는 시골에서 올라와 일하는 청년들이 많았다. 이들을 전도해 청년부로 등록시켰다. 그 청년들은 내가 16살 처음 서울에 올라왔을 때처럼 가난하고 순수했다. 일찍 부모 형제 곁을 떠날 수밖에 없었던 어린 청년들이었다. 나는 그 청년들과 마치 고향 선후배처럼 지냈다. 숙소에 찾아가 라면을 끓여 먹기도 하고 내 숙소에 데려와 같이 저녁을 먹고 한방에서 잠을 자기도 했다.

성화교회에서의 전도사 생활은 사랑하는 사람들과 함께 울고 웃는 생활이었다. 그냥 그곳의 사람들이 좋았다. 그럼에도 초등부, 중고등부, 청년부가 조금씩 부흥되어갔다.

그렇게 성화교회에서 2년여를 섬긴 1월의 어느 주일이었다. 며칠 전부터 몸살감기 기운이 있어서 몸이 아프고 열이 조금 있었다. 그런데 주일 아침에는 일어날 수 없을 정도로 몸에 열이 나고 온몸이 아팠다. 그래도 아침 배달은 해야 했고 교회는 가야만 했다.

아침에 억지로 일어나 배달을 마치고 불덩어리 같은 몸으로 교회를 갔다. 주일학교 예배, 중고등부 예배, 그리고 11시 장년 예배를 드리고 점심을 먹었다. 오후에는 다시 주일학교, 중고등부, 청년부 저녁 예배까지 모두 드리고 나니 온몸이 춥고 아파 녹초가 되었다. 사택은 여섯 식구가 생활했기 때문에 잠시 들어가 누워있기도 힘들었다.

밤 9시 가까이 되어 전철을 타기 위해 역곡 역으로 갔다. 전철을 기다리고 있는데 머리가 깨질 듯 아팠다. 전철 안은 무척이나 따뜻했다. 사람이 별로 없는 전철 안은 빈 좌석이 많았다.

나는 전철 좌석에 새우처럼 웅크리고 드러누웠다. 온몸이 눈 녹듯 녹아내리는 것 같았다. 너무 몸이 아프고 괴로웠다. 눈에서 눈물이 흘렀다.

그런데 다음 순간 갑자기 몸이 편안해졌다. 누군가 나를 끌어안고 있었다. 나는 크고 따뜻한 품에 안겼다. 비몽사몽간이었다. 나는 그때 주님의 품을 느꼈다. 예수님이 나를 끌어안고 계셨다. 그리고 주님께서 나에게 말씀하셨다.

“아들아, 내가 너를 필요할 때 네가 나를 도와주었으니 네가 나를 필요로 할 때 내가 너를 도와주리라.”

분명히 예수님이었다. 나는 주님의 품에 안겨 한없이 울었다. “네가 나를 도와주었으니 내가 너를 도와주리라.” 그 음성이 얼마나 기뻤는지 모른다. 청량리 역까지 주님 품에 안겨 정신없이 왔다. 지금도 그 순간의 기억은 선명하다. 그 말씀은 내 일생의 위로가 되고 힘이 되어 주었다. 나는 분명히 고백할 수 있다.

주님은 그 약속을 지금까지 지켜 주셨고, 지금도 지켜 주고 계시고, 앞으로도 지켜 주실 것이라고 굳게 믿는다. 내가 교회를 개척하고 힘들고 어려울 때 우리 주님은 그때 그 약속을 한 번도 잊으신 적이 없었다. 주님을 필요로 할 때마다 주님은 나에게 웃으시며 내가 너를 도와주겠다 하시면서 도와주셨다.

성전을 건축하며 어려운 상황 속에 있을 때도 주님은 약속을 잊지 않으셨다. 우리 인간이 주님이 필요하지 않을 때가 어디 있겠는가? 그러나 특별히 내가 힘들고 어려울 때, 주님을 필요로 할 때 주님은 반드시 나를 도와주셨다. 한 번도 약속을 어기신 적이 없다.

"우리에게 있는 대제사장은 우리의 연약함을 동정하지 못하실 이가 아니요 모든 일에 우리와 똑같이 시험을 받으신 이로되 죄는 없으시니라 그러므로 우리는 긍휼하심을 받고 때를 따라 돕는 은혜를 얻기 위하여 은혜의 보좌 앞에 담대히 나아갈 것이니라"(히 4:15,16)

행복한 성화교회 전도사

소망은 가장 큰 자산

많은 사람에게 사랑 받았던 '삶'이라는 시가 있다.

생활이 그대를 속일지라도 슬퍼하거나 노하지 말라.
설움의 날을 참고 견디면 머지않아 기쁨의 날이 오리니,
현재는 언제나 슬픈 것 마음은 미래에 살고
모든 것은 순간이다. 그리고 지난 것은 그리워하느니라.

러시아의 유명 시인 알렉산드르 푸시킨의 시이다. 푸시킨에게는 재미난 일화가 있다. 푸시킨이 모스크바 광장에서 한 소경 걸인을 발견했다. 한겨울인데도 걸인은 얇은 누더기만 걸치고 있었다. 그는 광장 구석에서 웅크리고 앉아 벌벌 떨다가 사람들의 발소리가 나면 " 좀 도와주세요. 춥고 배가 고픕니다." 하면서 구걸을 했다. 그의 모습은 가련했지만 모스크바에는 이런 걸인의 숫자가 셀 수 없이 많았다. 때문에 그에게 특별히 동정의 눈길을 보내는 사람은 없었다. 그러나 푸시킨만은 줄곧 그를 주의 깊게 지켜보다가 이렇게 말했다. "나 역시 가난한 형편이라 그대에게 줄 돈은 없소. 대신 몇 글자를 써서 주겠소. 그걸 몸에 붙이고 있으면 좋은 일이 있을 거요."

푸시킨은 종이에 글씨를 써서 거지에게 주고 사라졌다.

며칠 후 푸시킨이 친구와 함께 다시 모스크바 광장에 나갔는데 그 걸인이 어떻게 알았는지 그의 다리를 붙잡았다.

“선생님, 목소리를 들으니 며칠 전 제게 글씨를 써준 분이군요. 하나님이 도와서 이렇게 좋은 분을 만나게 해주셨나 봅니다. 그 종이를 붙였더니 그날부터 깡통에 많은 돈이 쌓였답니다.”

푸시킨은 조용히 미소를 지었다. 친구와 걸인이 함께 물었다.

“그날 써준 내용이 도대체 무엇인지요?”

“별거 아닙니다. ‘겨울이 왔으니 봄도 멀지 않으리’라고 썼습니다.”

소망을 가진 자의 모습이라고 할 수 있다. 지나가던 사람들은 이 걸인을 보고 느꼈을 것이다. 지금은 비록 처참한 날들을 보내고 있지만 소망을 잃지 않는 사람이다. 봄을 기다리는 이 사람은 도와줄 필요가 있다.

인간에게 소망은 축복이다. 소망 속에는 생명, 능력, 용기, 인내, 힘이 있다. 나는 예수를 믿고 받은 은혜가 참 많다. 그러한 은혜 중 하나가 마음속에 소망이 생긴 것이다. 항상 미래를 생각하게 되었고 높고 넓은 곳을 바라보게 되었다. 하나님이 함께하시면 능치 못함이 없다는 소망이 나의 자산이 되었다.

총신대 신학대학원 입학

신학교를 다니면서 몇몇 마음에 맞는 친구끼리 동아리를 만들었다. 우리는 함께 모여 말씀을 토론하고 기도 제목을 나누며 기도하기도 했다. 또 집으로 초청해 식사도 함께 하며 친하게 지냈다. 무엇보다도 우리는 기도원에 함께 올라가 기도하는 시간을 많이 가졌다. 기도 응답을 분명히 믿고 늘 기도하면서 체험한 기도 응답에 대해 간증도 했다.
우리가 자주 다녔던 기도원은 천계산 기도원, 삼각산 기도원, 한얼산 기도원이었다. 천계산 기도원은 가까워서 즐겨 찾았다. 야간 수업을 끝내고 청파동에서 차를 타고 신사동까지 가고, 그곳에서 다시 원지동 가는 버스를 타고 천계산 앞에 내려서 기도원까지 걸어 올라갔다. 함께 찬양을 부르고 합심해서 기도하다가 개인 기도를 했다. 마지막에는 다 함께 모여 기도하면 뿌옇게 아침이 밝아왔다. 그러면 우리는 산에서 내려와 각자 집으로 돌아가서 일하다가 저녁에 학교로 모이곤 했다. 그 시간들이 얼마나 은혜로운 시간이었는지 모른다. 우리는 때때로 시간이 가는 줄도 모르고 피곤한 줄도 몰랐다. 당시에는 잘 몰랐지만 지금 생각해보면 정말 성령님에게 붙잡힌 생활이었다.

어느 겨울날이었다. 유난히 추운 날씨였는데 그날도 우리는 청계산 기도원에 가서 기도하기로 했다. 야간 수업을 마치고 버스를 갈아타며 기도원으로 갔다. 날씨는 추웠지만 청계산을 오르다보니 등에 땀이 배었다. 우리는 이야기를 주고받으며 청계산 정상에 올라갔다.

청계산 정상에는 넓고 평평한 바위가 있다. 우리는 그곳에 둘러앉아 잠시 이야기를 나누다가 찬송가를 부르기 시작했다. 함께 찬송가를 부르는데 얼마나 은혜가 되는지 정말 성령에 사로잡혀 불렀다. 얼마나 시간이 흘렀는지 모른다. 갑자기 눈발이 날리기 시작했다. 흰 눈이 내리자 더욱 묘한 분위기를 느꼈다. 우리는 눈이 오는 것도 아랑곳하지 않고 찬송가를 불렀다.

한참 찬양을 하다 성령에 사로잡혀 누가 먼저랄 것도 없이 돌아앉아 뜨겁게 개인 기도를 하기 시작했다. 한참을 기도했다. 모두가 등에 땀이 흐를 정도로 기도하다 한 사람씩 기도를 멈추고 눈을 떴다. 그런데 이게 웬일인가? 거기에는 하얀 눈사람들로 가득했다. 기도하는 동안 몸 위로 눈이 쌓여 눈사람이 되어 있었던 것이다. 우리는 서로의 모습이 우습기도 하고 감격스럽기도 해서 서로 손을 잡고 웃음을 터뜨렸다. 기쁨의 웃음, 환희의 웃음, 성령 충만의 웃음이었다. 열정과 뜨거움,

사랑과 교제, 능력과 부흥의 원동력이 되었던 초대교회 성도들의 기도가 연상되는 모습들이었다.

나는 지금도 간혹 그때를 회상해보곤 한다. 그때 함께 기도했던 친구들은 전국으로 흩어져 목회 사역을 잘하고 있다. 그 중 한 명은 에콰도르에서 가장 큰 한인교회를 섬기고 있는 김상돈 선교사이다.

대한신학교를 졸업한 나는 사당동 총신대 신학대학원으로 진학했다. 함께 공부한 동기생들은 대한신학교 신대원에 그대로 진학하고자 했지만 나는 좀 더 크고 넓은 곳에 가서 공부하고 싶었다. 배움에 대한 갈증과 허기가 나를 계속해서 새로운 곳으로 이끌었다.

총신대 신학대학원은 장신대 신학대학원과 함께 제일 큰 장로교 신학대학원이다. 총신대 신학대학원은 대한신학교와 비슷한 보수주의 신학을 지향한다.

총신대 신대원에 입학한 후 사당동으로 이사했다. 부엌이 딸린 자그마한 방 하나를 전세로 얻었다. 집은 총신대에서 숭실대로 넘어가는 언덕 좌측 산비탈에 자리 잡은 2층 벽돌집이었다. 나는 비로소 나 혼자 생활하면서 학교에 다닐 수 있는 보금자리를 갖게 되었다. 꿈같은 일이 현실로 다가왔다.

총신대 신대원에도 야간반이 있었다. 경제적인 어려움 때문에 야간반에서 공부하기로 했다. 학비와 생활비를 벌기 위해 다른 일을 하기보다는 공부와 교회 사역에 전념하기 위해 학교에서 공부하면서 할 수 있는 일자리를 찾았다. 그래서 '근로 장학생'을 신청했다. 며칠 후 교무과장이 불렀다. 교무과장은 내 이력서를 보더니 "고학으로 공부했어요?"라고 물었다. 그리고 검정고시 출신인 것을 알고는 특별히 아껴 주었다. "낮에 학교 도서관에서 일하는 자리가 났으니 일을 하겠느냐?"고 물었다. 나는 기꺼이 그러겠다고 대답했다.

그때부터 나는 도서관에서 일하면서 학교에 다니게 되었다. 도서관 사서의 일은 아침에 도서관에 출근하여 오전에는 전날 학생들이 빌려서 보고 반납한 책들을 제 자리에 찾아 정리하고, 오후가 되면 공부를 하러 오는 학생들이 필요로 하는 책을 찾아 빌려주는 일을 해야 했다. 많은 학생이 책을 빌려 가고 반납하는 일이어서 쉽지는 않았다. 도서관에서 2년간 일을 하면서 많은 것을 배울 수 있었다. 그 넓은 도서관에 책들이 어디에 있는지 거의 정확하게 알 수 있었다. 수만 권 되는 모든 책들이 다 코드 번호가 있었다. 반납된 책을 코드 번호의 자리에 정확하게 찾아 비치해야 했다. 학생들이 책 이름을 말하면 그 책이 도서관에 있는지 없는지, 그리고 그 책이 어디쯤 있는지 거의 알 수 있었다. 무엇보다도 개인적으로 많은 책을 접할 수 있었고 또 책들을 잘 분류하고 정리하여 효과적으로 관리하고 활용할 수 있는 경험을 쌓게 되었다.

신대원에서 공부하면서 같은 교단에 소속된 교회에서 일하기 위해 교무실에 이력서를 내어놓았다. 며칠 후 교무실에서 연락이 왔다. 뛰어갔더니 목사님 한 분이 교무과장과 함께 내 이력서를 읽어 보고 있었다. 목사님은 나를 쳐다보면서 "이번 주일 교회에 한번 와

보겠느냐?"고 하셨다. 나는 조심스럽게 "예!"라고 대답했다. 이렇게 해서 나는 광명시 철산동에 있는 개명교회에 전도사로 섬기게 되었다. 개명교회는 내가 총신 신대원에 입학하여 처음 섬긴 교회이다. 개명교회를 섬기면서 나는 신대원을 졸업했고 목사 안수를 받고 지금의 늘샘교회를 개척했다. 그러니 나의 모 교회나 다름없다. 나는 총신 신대원에서 3년간 공부했다. 신대원에는 훌륭한 교수님이 많았다. 그분들을 통해 학문과 신앙과 인격과 리더십에 대해 공부하고 훈련 받았다. 당시는 데모가 전국을 뒤덮고 있을 때여서 최루탄 가스를 견디기 힘들었다. 그런 혼란 속에서도 나는 열심히 일하고 열심히 공부했다. 그때 공부하고 훈련받은 것이 오늘 내 목회 사역의 뿌리가 되었다.

청년부에 일어난 성령의 역사

개명교회는 광명시 철산동에 있었다. 송기일 담임목사가 개척하셨다. 송 목사님은 소박한 성품에 오직 기도로 교회를 섬기는 목양일념의 목회자셨다. 목사님은 그저 묵묵히 듣기만 하시고 자신의 주장을 고집하지 않으셔서 주위 목사님들로부터 존경을 받았다. 때때로 교회 안에 잡음과 갈등이 있어도 목사님은 그냥 모르는 척 기도만 하셨다. 나는 그때마다 마음속으로 '목사님이 좀 따끔하게 말씀하셔야 하는데 왜 저러실까?' 하며 못마땅한 적도 있었다. 그러나 그것이 목사님의 온유한 성품과 오랜 목회 경험에서 나온 현명한 대처방법이었다는 것을 훗날 목회하며 깨달았다.

나는 지금도 송기일 목사님의 기도 생활과 묵묵히 몸으로 교회를 섬기시던 목회자의 자세와 태도를 배우려고 노력하고 있다.

개명교회에서 7년간의 사역은 내 목회 생활, 아니 내 인생의 방향을 결정하는 기간이 되었다. 나는 그곳에서 부 교역자 시절을 다 보냈다. 열심히 그리고 마음껏 일하고 사랑도 많이 받고 은혜도 많이 받았다. 개명교회 성도들은 목사님의 성품을 닮아서인지 모두가 온유하고 사랑이 많았다. 부족한 게 많은 전도사였는데 아끼고 사랑해 주셨다. 성도들과 함께했던 여러 가지 행사들, 산 기도, 운동회, 수련회, 군부대 방문 등은 지금도 만나면 그때 이야기를 하며 회상에 잠기곤 한다.

처음 부임해서는 주일학교와 청년 부서를 맡았다. 주일학교는 부장 집사님과 많은 선생님이 뜨겁고 열심히 일하고 있었다. 여름 성경학교 때는 선생님 한 분이 앞에서 북을 치고 가면 선생님과 아이들이 따라 다니며 전도했다. 여름 성경학교를 한번 하고 나면 주일학교 학생 수가 눈에 띄게 늘어났다. 선생님들의 열심도 여간 아니었다. 어떤 선생님은 주일 아침 일찍 나가서 반 아이들 20~30명을 데려오기도 했다. 이런

선생님들의 열심으로 주일학교는 은혜롭게 부흥되어갔다.

청년부에서는 지금도 잊을 수 없는 추억들이 많다. 청년부원들은 모두 믿음이 좋았고 봉사도 열심이었다. 교회 성가대, 교사 등 섬기지 않은 곳이 없었다. 교회에 소문이 날 정도로 모임이 뜨거웠다. 청년부원들은 마치 한 가족 같았다. 가정을 방문하면 시간 가는 줄 몰랐고 찬양이 뜨거웠고 기도가 뜨거웠다. 그룹으로 기도하고, 짝을 지어 기도하고, 특별 기도를 부탁하는 자들을 앞에 놓고 눈물로 기도하기도 했다. 기도와 찬양이 뜨거우니 청년부는 점점 활기가 넘쳐 났다. 메말라 가던 화초를 햇볕이 잘 드는 창가에 내어놓고 물을 잘 주면 새롭게 자라나듯이 청년부에 생명력이 감돌고 성령님의 기름 부으심의 역사가 나타났다. 청년부가 변하기 시작했고 청년들이 모여들기 시작했다. 기도 응답을 체험하고 간증하는 청년들, 방언하는 청년들, 청년 한 사람 한 사람이 예수님을 인격적으로 알아가기 시작했고 인격 속에 만나는 역사가 일어났다. 청년부원이 50명 이상 모이기 시작하자 우리는 청년부를 2부로 나누었다. 나이 어린 청년부를 디모데, 나이가 좀 많은 청년부를 기드온이라 부르고 예배를 나누어 드렸다. 그러자 각 청년부에 같은 부흥이 일어났다.

청년부 중에 형제자매가 결혼해서 지금도 개명교회를 섬기는 가정이 많다. 또 장로, 권사가 되어 섬기는 분들도 많다. 그때 함께 청년부 활동을 하며 기도했던 청년 중에 지금 선교사, 목사, 사모가 된 이들이 10명이 넘고 그 중 한 명은 나와 함께 일평생 주님을 섬기는 일에 헌신하고 있는 아내이다. 아내는 내가 처음 청년부에 부임했을 때 계간지에 나에 관한 기사를 쓰기 위해 찾아왔던 문예부장이었다. 그때는 그 자매가 내 아내가 될 것이라고는 생각도 못했다.

청년부가 살아나자 교회가 분주해졌다. 여기저기서 청년들의 모임이 열리고 기도 소리가 들렸고 각 부서에서 봉사하는 청년들이 많아졌다. 이때부터 청년부는 여름 수련회 대신 단기선교를 가기로 했다. 교회가 없는 시골 동네를 찾아가 일손을 돕고 마을 사람들을 위해 잔치도 하면서 복음을 전하기로 했다.

청년부에서 첫 번째로 단기선교를 간 곳이 청송군 현서면 무개라는 동네였다. 이곳을 선정하고 기도하며 준비를 하다 마지막으로 그곳을 답사하기 위해 청년부 임원들이 봉고를 타고 무개 마을을 찾아갔다. 마을에는 조그마한 분교가 있어서 우리는 그곳에 머물면서 봉사와 전도를 하기로 했다. 마을에 도착했을 때는 이미 해 그늘이 지고 있는 시간이었다. 방학 기간에 분교 운동장을 잠깐 빌릴 수 있겠는지를 학교에 물었다. 학교에는 달랑 선생님 두 분만 계시는데 한 분은 벌써 퇴근을 했다. 남은 한 분에게 물었더니 "학교를 관리하는 분은 동네 이장님인데 거기 가서 허락을 받아야 한다."는 것이었다.

이장님 집을 찾아가니 들에 일하러 나가고 아무도 없었다. 기다리고 있는데 이장님 부부는 날이 어두워져 갈 무렵 돌아왔다. 눈코 뜰 사이 없이 바쁠 때였다. 우리는 이장님께 우리의 계획과 생각에 대해 이야기했다. 그랬더니 이장님은 못마땅한 눈으로 훑어보더니 일언지하에 거절했다. 토속 신앙이 강한 마을에 교회 사람들이 와서 무엇을 한다고 하니 허락은커녕 극도의 불쾌감과 거부감만 드러냈다. 봉사하기 위한 거라고 아무리 설득해도 소용없었다.

포기할 수밖에 없었다. 오랫동안 기도하고 준비해 왔는데 허탈했다. 처음 단기선교를 간다고 청년부 전원이 잔뜩 기대하고 기도해 왔는데 마음이 아팠다. 우리는 어쩔 수 없이 봉고를 타고 도망치듯 동네를 나올 수밖에 없었다. 날은 어느덧 캄캄해져 가고 있었다. 아무도 말하는 사람이 없었다. 무거운 침묵만 흘렀다. 교회에서 아침을 먹고 출발한 이후 아무것도 먹지를 못했다. 모두들 배가 고프고 지쳤다. 만약 한 사람이라도 울면 모두 따라 울고 싶은 심정이었다.

그런데 갑자기 맨 뒤에 타고 있던 한 자매가 혼자 조용한 목소리로 찬송가를 부르기 시작했다.

"할 수 있다 하신 이는 나의 능력 주 하나님 나를 바라보시고 능력 준다 하시네. 할 수 있다 하신 주, 할 수 있다 하신 주, 믿음 만이, 믿음 만이 능력이라 하시네. 믿음만이, 믿음만이 능력이라 하시네."

누군가 옆에서 따라 불렀다. 그러자 한 사람씩, 한 사람씩 함께 따라 불렀다. 너무 놀라운 일이 벌어졌다. 차 안에 있던 모든 청년이 "할 수 있다 하신 이는 나의 능력 주 하나님…"을 따라 불렀다. 성령님이 그곳에 오셨다. 얼마나 소리쳐 불렀는지 모두가 성령으로 사로잡혔다. 가슴이 뜨거웠다. 두려움이 사라졌다. 낙심과 속상한 마음도 사라졌다. 배고픔도 사라졌다. 성령 안에서 기쁨이 넘쳐 났다. 용기와 자신감에 사로잡혔다. 마치 오순절을 경험한 다락방 사람들 같았다.
뒤에서 한 청년이 소리쳤다.
"전도사님, 우리 이번에 여기에 옵시다. 학교 운동장 못 빌리면 어떻습니까? 냇가에 천막 치고 생활하면서 이 동네 전도합시다."
모두 성령에 사로잡혀 "그렇게 합시다. 그렇게 합시다."를 외쳤다.
우리는 쫓겨나는 한이 있더라도 오직 하나님을 의지하고 이곳에 오기로 다짐했다. 우리는 교회로 돌아가서 단기선교를 준비했다. 더 뜨겁게 기도하며 성령님께 우리를 도와 달라고 매달리며 준비했다.
쫓겨날 각오로 무개 마을을 찾았다. 그런데 정말 놀라운 일이 벌어졌다. 동장과 마을 사람들이 학교 운동장을 빌릴 수 있게 해 주셨다. 우리는 팀을 나누어 집집마다 방문하고 논밭에서 일하는 분들을 찾아가 간식을 나누어 주었다. 그리고 함께 땀을 흘리며 일을 도왔다. 봉사하면서 그들의 어려운 문제 이야기, 자녀 이야기를 나누었다. 그렇게 이야기꽃을 피우다가 예수님에 대해 이야기했다. 예수님은 온 우주를 창조하신 하나님이신데 우리 인간을 위해 이 땅에 오신 분이며, 대신 십자가에 못 박혀 죽었으며, 누구든 예수님을 믿으면 죄를 용서 받고 하나님의 자녀가 된다는 사실을 설명했다.
이야기를 들은 마을 어른들은 더러는 관심을 보였고, 형편상 교회에 나가지 못하는 이유를 이야기하기도 했다. 또 외지에 나가 있는 자녀들에게 교회에 나가도록 이야기하겠다고 하는 분들도 있었다.
비가 와서 들에 나가지 못하는 날은 모든 팀이 각 집에서 들어가 복음을 전했다. 영접 기도도 해 드리고 그분들이 준비한 점심을 함께 먹으며 즐거운 시간을 가졌다.

마지막 날은 모든 동네 사람을 초청해서 함께 저녁 식사를 했다. 말씀 증거, 영화 상영, 워십, 연극을 하며 은혜의 잔치를 벌였다. 모두가 좋아했고 기뻐하며 즐거워했다. 모두 하나가 되었다. 하나님의 역사였다. 정말 놀라운 성령님의 함께 하심이었다. 우리는 이 사건으로 하나님께 기도하면 안 되는 일이 없다는 것을 체험했다. 그 다음 해부터는 어떤 어려움이 있어도 마침내 해내고야 말았다. 이 아름다운 섬김과 봉사는 개명교회의 연례행사가 되어 지금까지 계속되고 있다.

몰래 한 연애

개명교회 청년부는 조직된 지 오래되지 않아서인지 인원은 그리 많지 않았지만 분위기가 참 좋았다. 뜨거웠고 사랑이 가득했다. 모일 때마다 뜨겁게 찬양하고 기도하며 소그룹 모임을 가졌다. 청년부에는 여러 부서가 있었는데, 그중 문예부에서는 청년부 주보와 소식지를 만들었다. 또 계간으로 설교, 성도들의 활동, 소식, 간증, 짧은 수필 등과 같은 교회 소식을 작은 책자 형식으로 만들어 교우들에게 나누어 주었다.

하루는 문예부장을 맡은 자매가 계간지에 나를 소개하겠다며 인터뷰 요청을 해왔다. 나는 개명교회에 처음 부임한 터라 긴장된 마음으로 약속 장소에 나갔다. 시내 약속 장소에는 부장 자매가 미리 나와 기다리고 있었다. 자매는 계간지에 나를 소개하기 위해 좀 물어볼 것이 있는데 교회에서는 이런 시간을 갖기가 어려워 이렇게 나오시게

했다며 질문을 쏟아냈다. 우리 교회에 오기 전 어느 교회에서 사역했는지, 앞으로 청년부를 어떻게 섬기고 이끌고 싶은지, 비전은 무엇인지?

나는 생각나는 대로 진솔하게 대답했다. 앞으로 함께 해야 할 청년부 자매 앞이었고 무엇보다 내 직분이 전도사였기 때문에 최대한 겸손하게 고분고분 대답했다. 나중에 안 사실이지만 그 자매는 그때 세상에 이렇게 소박하고 진실한 사람도 있구나 하고 생각했다고 고백했다. 문예부 부장 자매는 조용하고 말이 없는 편이었다. 처음 만남 이후 이상하게 다른 사람보다 가깝게 생각되었고 마음속에 감정이 남아있음을 느꼈다.

자연스럽게 개인적으로 만날 기회가 생겼다. 만나서 교회 이야기, 청년부 이야기뿐 아니라 개인적인 이야기, 가정 이야기, 미래에 관한 이야기를 나누며 조금씩 서로를 이해하고 신뢰를 쌓았다. 그러다가 결국 장래까지 생각하는 관계가 되어갔다. 사랑하는 사이가 되었지만 만남은 조심해야 했다. 전도사이고 청년부 리더였기에 교회에 덕을 끼쳐야 한다는 것을 잘 알고 있었다. 우리는 자매가 근무하는 사무실 지하 식당이나 신대원 식당에서 함께 점심을 먹으며 서로의 마음을 확인하곤 했다.

교회에서 만날 때는 서로 눈길도 마주치지 않게 조심했다. 하지만 우연히 눈길이 마주치면 서로 마음으로만 대화하는 두 사람만의 감정을 느낄 수 있었다. 마치 견우와 직녀처럼 조심스럽게 만나다 어느 날 교회에서 결혼 광고를 했다. 모든 성도가 깜짝 놀라며 충격을 받는 것 같았다. 그렇게 우리는 부부가 되었다. 아내는 우리가 소하동에 교회를 개척할 때 중학교 교직 생활을 그만두었다. 그러고는 이후 지금까지 함께 주의 일을 해 오고 있다.

개명교회에서의 생활은 은혜로웠고 즐거웠다. 교우들이 모두 가족 같았다. 모두 담임 목사님을 닮아서인지 소박하고 인정이 있었다. 송기일 담임 목사님과 사모님은 두 분 모두 40일 금식기도를 하실 정도로 기도하는 분들이었다. 개명교회 성도들은 기도를 많이 하고 봉사 생활도 열심이었다. 나는 목사님과 교우들에게 분에 넘치는 사랑을 받으며 어려움 없이 사역했다.

그런데 우리에게 한 가지 기도 제목이 있었다. 결혼한 지 3년이 지났는데 아이가 없었다. 나는 학교 때문에 결혼이 조금 늦은 편이었고, 바로 밑의 동생이 먼저 결혼을 해서 아이가 있었다. 그래서 부모님은 조급해 했다. 아내는 결혼한 지 2년이 지나면서 약간씩 초조해하면서 불안한 눈치였다. 나는 "너무 조급하게 생각하지 마. 하나님께서 때가 되면 주시겠지"라고 말은 하면서도 마음속으로는 아내의 눈치를 살피는 때가 있었다.

그때부터 아이 문제는 우리 부부의 기도 제목이 되었다. 시간은 점점 가고 시골에 계시는 부모님들도 남모르게 우리 문제로 기도하는 것 같았다. 우리 역시 하나님께 기도하는 수밖에 없었다. 어느 날 교회 철야기도 시간이었다. 그날따라 성도들의 기도 열기가 뜨거웠다.

몰래 한 연애

그룹을 지어 개인기도 제목을 내어놓고 함께 기도하는 시간을 가졌다. 나 역시 아내와 한 그룹에 들어가서 그룹원들의 기도 제목을 한 사람씩 들어가며 간절하게 기도했다.

우리 차례가 되었다. 기도 그룹 리더가 말했다.

"전도사님 가정 기도 제목을 이야기하세요."

나는 평소처럼 '가족 건강' '열심 있는 사역' '주일학교와 청년부 부흥' '성령 충만한 주의 종' 등을 이야기했다.

그때 그룹원 중 한 집사님이 말했다.

"전도사님, 왜 진짜 기도 제목은 이야기하지 않으세요?"

나는 얼굴이 화끈했다. 그 순간 부끄러워 어쩔 줄 몰라 하며 머뭇거렸다. 마음속으로는 간절한 기도 제목을 가지고 있으면서도 이것을 소리 내어 기도하거나 기도를 부탁하지 못했다. 아이를 갖게 해 달라는 기도를 쑥스럽고 부끄럽게 생각하고 있었던 것이다. 그런데 집사님의 말을 듣는 순간 더 이상 피할 수가 없었다. 나는 얼굴을 붉히면서 기도 제목을 고백했다.

"사실 저의 가정에 기도 제목이 있습니다. 결혼한 지 3년이 지났는데 아이를 갖지 못해 기도하고 있습니다. 저희가 아이를 가질 수 있도록 기도해 주십시오."

그 기도 제목을 솔직하게 내놓는 순간 우리 그룹원 모두에게 성령의 감동이 오는 것이 느껴졌다. 우리는 손을 잡고 이 문제를 놓고 간절하게 기도했다. 모두가 하나가 되어 기도했다. 성령님이 우리 모두를

사로잡는 것 같았다. 우리는 성령의 감동에 사로잡혀 뜨겁게 기도했다. 기도한 후 모두가 서로를 쳐다보는데 기쁨이 넘쳤다. 그 순간 내 마음속에도 이상한 기쁨이 흘러들어왔다. 성령님께서 우리의 기도를 들어 주시는 것 같았다.

그런데 정말 놀랍게도 그날 이후 아내에게 임신의 징조가 나타났다. 하나님께서 태의 문을 여시고 아이를 갖게 해 주셨다. 건강하고 영특한 아이를 우리에게 주셨다. 기도의 응답으로 주신 아이가 바로 우리 아들 호재이다. 호재는 개명교회 성도들의 사랑과 축복 속에 태어났다. 그리고 자라면서 성도들의 사랑과 인기를 독차지했다. 호재는 영특해서 기억력이 뛰어났다.

아내는 호재가 3살 때부터 그림카드를 가지고 놀게 했다. 카드에는 동물, 식물, 꽃, 장난감 등이 그려져 있고 그 밑에 이름이 적혀 있었다. 이런 카드가 수백 장이 되었다.

호재가 카드에 그려진 그림의 이름을 알고 있는지 알고 싶어 한번은 아내가 "이게 뭐지?"라고 물었다. 그러자 호재는 그림을 보고 "기린, 호랑이, 해바라기, 학교…" 하면서 대답했다. 그런데 어느 날부터인지 그림카드의 이름을 대며 숫자를 함께 이야기했다. 예를 들면 "기린, 72" 이런 식이었다.

하지만 아내는 그 숫자가 무엇을 뜻하는지 몰랐다. 나중에 알고 보니 그 숫자는 카드 맨 아래 작은 글씨로 쓰여 있는 페이지 숫자였다. 호재는 카드 이름만 기억한 게 아니라 200장이 넘는 카드의 페이지 숫자까지 기억하고 있었던 것이다. 숫자를 기억하는 호재는 개명교회 성도들에게 신기한 즐거움이었다. 이제 겨우 걸어 다니고 말을 배우는 호재에게 너도나도 자기 집 전화번호와 차 번호를 이야기해 주었다. 그리고 다음 만났을 때 "호재야, 우리 전화번호 뭐지? 우리 차 번호가 뭐지?" 그러면 호재는 그 사람의 전화번호와 차 번호를 척척 이야기했다. 그러면 너무 신기해하고 좋아했다.

호재 둘째 이모는 호재가 태어나기도 전에 브라질로 이민 가서 살고 있었다. 그런 이모가 한번은 한국을 방문했다. 교회를 개척하고 있어 어려운 우리 집 상황을 보고는 호재를 브라질로 데려가 공부시키고 싶다고 말했다. 호재는 어린 나이에도 용기와 자신감이 대단했다. 초등학교 5학년 때 혼자 캐나다에 다녀온 적이 있다. 캐나다에서

생활하는 장로님 한 분이 방학 때 한번 여행을 보내라고 하시기에 가겠느냐고 물었더니 혼자서 다녀왔다. 중학교 1학년 때는 브라질에 있는 이모가 비행기 표를 보내 줄 테니 동생들을 데리고 놀러 오라고 초청했다. 호재는 초등학교 1학년과 유치원에 다니는 외사촌 동생들을 데리고 브라질 이모 댁을 다녀왔다. 브라질에 가려면 미국 시카고에서 내려서 다시 짐을 바꿔 부치고 비행기를 갈아타야 하는 쉽지 않은 길인데 어린 조카들을 데리고 혼자서 용기 있게 해냈다.

호재는 한국에서 중학교 2학년을 마치고 브라질에 가서 공부했다. 그곳에서 믿음으로 바르게 성장해 주었고 열심히 공부해서 의대를 다녔다. 이후 미국에서 대학을 마치고 지금은 한국에서 의사 생활을 하고 있다.

제4부

내 인생 속에 함께하신 분

늘샘교회 개척

목사 안수를 받은 지 3년이 지나자 서서히 교회를 개척해야겠다는 생각이 들기 시작했다. 개명교회에서 사역한 지 만 7년이 지난 시점이었다. 이제 나도 단독으로 사역해야 한다는 부담감이 생기고 교회에서도 때가 되었다는 분위기를 느낄 수 있었다. 그러던 어느 날 목사님께서 소하동에 개척할 만한 장소가 있는데 한번 가보자고 하셨다.

나는 약간 두렵고 설레는 마음으로 목사님을 따라 소하동으로 갔다. 소하동은 광명시에서 가장 변두리 동네였다. 주변이 논밭으로 둘러싸여 있었고 그린벨트가 조금씩 풀려 논밭 군데군데 빌라가 지어 지고 있었다. 목사님은 "이곳에 교회를 개척하면 괜찮겠다."며 내 의중을 떠보셨다. 초가집이 군데군데 보이는 농촌이지만 앞으로 개발이 된다는 희망을 품고 어느 건물의 지하실을 얻어 교회를 개척하기로 했다.

먼저 하나님께 기도하기 위해 일주일 금식 기도를 시작했다. 경기도 광주에 있는 충현 기도원에 갔다.

"하나님 부족한 종이 이제 개척을 하여 교회를 섬기며 목회를 하게 됩니다. 하나님 도와주시고 축복해 주십시오."

개척하면 교회 이름을 무엇으로 할까 기도하면서 이런저런 이름을 떠올려 보았다. 그러나 마땅한 이름이 생각나지 않았다. 그런데 어느 날 요한복음 4장을 읽는데 뭔가가 마음에 와 닿았다. 수가성의 여인과 예수님이 대화하는 장면이었다.

"이 물을 먹는 자마다 다시 목마르려니와 내가 주는 물을 먹는 자는 영원히 목마르지 아니하리니 나의 주는 물은 그 속에서 영생하도록 솟아나는 샘물이 되리라."

이 말씀이 내 마음속에 강하게 와 부딪쳤다.

'영생하는 샘물, 목마르지 않은 샘물, 늘 솟아나는 샘물, 주님의 샘물….'

우리 교회가 이런 교회가 되었으면 좋겠다는 생각이 들었다. 그 순간 내 마음속에 한 단어가 떠올랐다. 영생하는 주님의 샘물, 목마르지 않고 늘 솟아나는 샘물과 같은 교회!

"늘샘"

늘샘! 늘, 영원히, 언제든지, 샘, 솟아나는, 마르지 않는 샘이 되는 교회!

"예수께서 대답하여 이르시되 이 물을 마시는 자마다 다시 목마르려니와 내가 주는 물을 마시는 자는 영원히 목마르지 아니하리니 내가 주는 물은 그 속에서 영생하도록 솟아나는 샘물이 되리라"(요 4:13,14).

그때부터 장소를 얻기 위해 주변을 찾아다녔다. 소하동은 변두리인데다 위쪽에는 군부대까지 있어서 건물이 별로 없었다. 다행히 3층으로 된 작은 건물이 하나 있어서 안으로 들어가니 2, 3층은 작은 공장이 들어와 있었고 옥상에는 주인 할아버지와 할머니가 살고 계셨다. 지하는 들어올 사람이 없어서 빈 지 오래되었다.

주인 할아버지에게 지하에 교회를 하고 싶은데 얻을 수 있느냐고 물어보았다. 할아버지는 완전 지하인데다 여름에는 물이 나는데 괜찮겠냐고 물어보았다. 나는 그래도 한번 해 보겠다며 계약을 했다.

그때부터 교회를 꾸미기 위해 아내와 매일 가서 기도하며 준비하기 시작했다. 교회를 개척할 때 참 많이 도와주신 분이 개명교회 서희숙 권사님과 임기봉 집사님이셨다. 두 분은 건축업을 하셨는데 그 어두운 지하실을 아름답게 꾸며 예배당과 작은 주방 그리고 몇 명이 모여 앉아 음식을 먹을 수 있는 식당까지 꾸며 주셨다. 이 자리를 빌려 두 분께 진심으로 감사드리고 싶다.

늘샘교회는 1991년 1월 26일 힘찬 기도와 찬송 소리로 시작되었다. 우리는 능치 못하심이 없으신 전능하신 하나님이 함께하실 것을 굳게 믿었고 큰 꿈과 희망을 가슴속에 담았다. 개척한 목사님들 대부분이 그러하듯 나 역시 아내와 열심히 기도하고 날마다 동네를 돌며 집집마다 전도지를 나눠주었다. 주일 낮 예배, 저녁 예배, 수요일 예배,

심야 기도회 등 교인이 몇 명 모이든 수백 수천 명 모여 있듯이 뜨겁고 간절하게 예배드리고 기도하는 시간을 가졌다. 새벽기도회는 아내 혼자 앉혀 놓고 드리는 날도 많았지만 한 번도 거른 적이 없었다.
전도 가능성이 있는 집은 몇 번이고 찾아갔다. 심방도 게을리 하지 않았다. 한번은 이웃 동네에 전도하러 갔는데 골목에 중학생처럼 보이는 아이들이 대여섯 놀고 있었다. 그들을 붙잡고 전도했다.
아이들은 우리 부부의 이야기를 잠깐 듣더니 깔깔 웃으며 뛰어가 버렸다. 낙심하고 집으로 돌아왔는데 다음 주일 아침 그 아이들이 친구 몇 명을 데리고 교회로 우르르 몰려왔다. 이상하게 바라보며 웃던 아이들이 우리 늘샘교회 주일학교, 중고등부의 첫 모임이 되었다. 그들 가운데는 우리 교회에서 결혼까지 하고 교회를 열심히 섬기는 귀한 일꾼이 되었다.
열심히 교회를 섬기다 보니 하나님께서 축복하셔서 교인 수가 조금씩 늘기 시작했다. 2~3년이 지나면서 주위에 부흥하는 교회라고 소문이 나기 시작했다. 소문이 났다 해도 고작 육칠십 여 명이었지만 변두리 시골 동네에서는 '부흥한 교회'로 통했다. 그러나 모든 것이 내 의도와 바람대로 되는 것은 아니었다. 하나님은 늘샘교회를 향한 또 다른 계획과 목적을 갖고 계셨다.
개척하고 3년쯤 되자 주변 일산, 평촌, 산본 등지에 신도시들이 들어서며 대단지 아파트들이 세워지기 시작했다. 어렵게 전도한 가정들이 새롭게 들어선 아파트로 이사하기 시작했다. 어쩔 수 없는 일이기는 하였지만 작은 개척교회 목회자로서는 아쉽고 섭섭하기 그지없었다. 동네에서 늘샘교회에 호감을 느끼고 교회로 나올 만한 사람들은 거의 다 나왔다. 이제는 교회에 관심 없는 사람, 교회에 부정적인 사람들을 전도하지 않으면 안 되는 상황이 되었다. 전도하기가 여간 어렵지 않았고 전도되어 오는 숫자도 눈에 띄게 줄기 시작했다.

목회에 새로운 패러다임이 필요했다. 몸도 마음도 조금씩 지쳐가고 있을 때 하나님께서는 우리의 기도와 간절한 마음의 소원, 우리의 필요를 아시고 늘샘교회를 향한 멋진 계획을 세우고 계셨다. 어느 날 사랑의교회 옥한흠 목사님이 실시하고 있던 제자훈련 지도자 세미나(CAL) 안내장이 우리 교회로 배달되어왔다. 안내장을 읽는데 마음이 방망이질을 쳤다. 신학생 시절 간혹 제자훈련에 관한 이야기를 들으면서 막연하게나마 관심을 가졌다. 하지만 구체적으로 어떻게 해야 할지 알지 못하는 와중에 학교를 졸업하게 되었다. 눈이 번쩍 뜨이면서 하나님께서 목회의 새로운 돌파구를 열어주시는 것 같았다.

지도자 세미나에 참석했다. 첫날 첫 시간 '광인론'이란 강의였다. 옥한흠 목사님의 강의였다. 목사님은 제자훈련을 하려면 제자훈련에 미쳐야 한다는 말씀을 하셨다. 그러면서 자신이 어떻게 제자훈련에 관심을 두게 되었는지, 제자훈련을 위해 어떻게 준비해 왔는지, 사랑의교회에서 제자훈련을 어떻게 해 오셨는지 말씀하셨다. 이어 제자훈련에 대한 성경적인 근거를 여러 부분 말씀하셨다. 그 중 가장 강조한 것은 예수님이 이 땅에 오셔서 3년간 하신 사역 가운데 가장 심혈을 기울이신 사역이 제자를 부르고 제자들과 함께하면서 제자들을 훈련시켜 세상으로 보낸 사역이라고 말씀하셨다.

강의를 들으면서 마음속에 뜨겁게 와 닿는 영적인 도전이 있었다.

'그래, 예수님께서 3년간 심혈을 기울이시고 온몸을 바쳐 사역하신 것이 제자들을 부르고 함께하면서 자신을 보여주고 가르치신 제자훈련이었다. 그리고 그 제자들에게 자신의 사역을 계승하게 하기 위해 세상으로 보내시고 그것을 명령하셨다. 그렇다면 예수님의 몸인 교회가 해야 할 일이 바로 이 일이 아닌가! 그렇다. 나도 이제 교회로 돌아가 이 사역을 해야 한다. 교회가 해야 할 사역은 바로 이것이다. 예수님의 제자를 세워가는 사역이다.'

매시간 강의가 강한 도전이 되었고 가슴에 불이 붙는 것 같았다. 교회를 개척하고 열심히 한다고 했지만 분명한 철학과 목적의식 없이 교회를 섬겨왔던 것이 부끄러웠다. 교회가 정말 해야 할 일을 몰랐고 교역자가 무엇을 해야 하는지 몰랐던 것이 후회스러웠다. 이제 교회에 돌아가서 성도들을 가르치고 훈련하여 한 사람 한 사람을 제자로 훈련하고 세워야겠다고 마음속으로 다짐하고 또 다짐했다.

목회에 분명한 철학과 목표가 생기자 자신감이 생기고 용기가 생겼다. 마음속의 답답함과 목회에 대한 부담감이 벗겨지는 것 같았다. 성도의 숫자가 중요한 게 아니라 한 사람이라도 바로 가르치고 훈련시켜 예수님의 제자로 살아가도록 하는 것이 교회의 사명이고 목회자가 해야 할 사역이라고 느꼈다. "너희는 가서 모든 족속으로 제자 삼아 아버지와 아들과 성령의 이름으로 세례를 주고 내가 너희에게 명한 모든 것을 가르쳐 지키게 하라 볼지어다 내가 세상 끝날까지 너희와 항상 함께 있으리라"는 명령처럼 목회 사역을 전도하고, 전도한 성도들을 가르치고 훈련시켜 제자 삼는 일에 일평생을 바칠 것을 기도했다.

이렇게 해서 늘샘교회의 제자훈련이 시작되었다. 제자훈련은 늘샘교회의 철학이 되고, 목표가 되고, 심장이 되었다. 성도들은 제자훈련에 대한 관심과 열정을 가지고 제자훈련 받기를 사모했다. 모든 사역에서 제자훈련이 중심이 되었다. 이렇게 해서 늘샘교회는 제자훈련하는 교회로 세워져 갔다.

눈 덮힌
설곡리 기도원

나는 교회를 개척하고 섬기면서 여러 가지로 부족하다는 사실을 깨달았다. 집안에서 나 혼자 교회를 다녔고 그것도 군에 가서 다니기 시작했기 때문에 기도가 더 필요하다는 사실을 가슴 깊이 절감하고 있었다. 우리 집안은 신앙의 연도가 짧았기에 영적 깊이가 부족했다. 또 은혜의 창고가 비어 있었고 무엇보다도 기도의 깊은 샘이 부족하다는 목마름이 있었다.
나는 주님이 주시는 꿈과 비전에 사로잡혀 그것을 능히 감당할 수 있는 깊고 흡족한 은혜 생활, 말씀의 능력과 기도의 능력이 있는 성령 충만한 사역에 대한 기대와 간절함이 있었다. 그래서 기도에 힘을 기울였다. 특별한 기도 시간을 갖기 위해 노력하던 중 매주 금요 기도회를 전도사님에게 부탁하고 산에 가서 하나님께 매달리기로 했다.
신학교를 다닐 때 우연히 설곡리 기도원을 알게 되었다. 설곡리 기도원은 깊은 산골짜기에 위치해 있다. 청평을 지나 설악동에서 30분 이상 차를 타고 올라가면 설곡리라는 조그만 동네가 있는데 거기서도 한참을 차로 올라가야 한다. 서울에서 차로 빨리 가도 2시간 이상이 걸린다.

기도원의 원장은 기도를 참 많이 하는 권사님이셨다. 믿음이 얼마나 대단한지 사람들은 그곳에 그런 땅이 있는지조차도 모를 깊은 골짜기에 여자의 몸으로 엄청난 기도원을 지으셨다. 나는 그 권사님의 기도와 믿음과 용기에 충격적인 도전을 받았다.

그 기도원에는 권사님 언니 되는 권사님과 부엌에서 일하는 집사님 한 분 그리고 권사님 조카 되는 전도사 한 분, 기도원을 관리하는 남자 집사님 한 분, 이렇게 소수의 인원이 가족처럼 생활하고 있다.

나는 설곡리 기도원이 크게 지어지기 전 조그만 벽돌집이었을 때부터 다녔기 때문에 그곳에 가면 마치 가족처럼 반갑게 맞아 주었다.

나는 매주 금요일 저녁 설곡리 기도원에 가서 기도하기로 작정했다. 금요일 오후 혼자 봉고를 끌고 구리 남양주, 청평댐을 지나 설악동, 설곡리, 굽이굽이 산을 지나 마지막 골짜기 산 중턱의 기도원에 도착하면 저녁때가 되었다. 기도원에 올라가기 전 권사님에게 전화를 먼저 드리면 마치 동생이 오는 것처럼, 아들이 올라오는 것처럼 반가워하시며 저녁을 준비해 놓으셨다. 나는 그곳에서 오랜만에 산나물로 가득한 맛있는 기도원 음식을 배불리 먹곤 했다.

저녁을 먹고 혼자 기도하기 위해 기도원 뒷산 꼭대기에 올랐다. 설곡리 기도원 뒤에는 길고 깊은 계곡이 있고 그 계곡을 따라 올라가면 마지막 산이 있고, 그 산 정상에는 능력봉이라는 이름이 붙어있는 큰 바위가 하나 있다. 기도원에서 그곳까지 올라가려면 족히 한 시간은 걸리는 높은 봉우리이다. 나는 캄캄한 밤에 성경 한 권 들고 그 능력봉을 향해 올라갔다. 그리고 그 바위 밑에 앉아 밤새도록 하나님께 매달려 기도하고 새벽이면 기도원으로 다시 내려오곤 했다.

살을 도려내는 것 같은 겨울의 칼바람 속에서도, 혹은 눈이 무릎까지 쌓여도 담요 한 장과 큰 비닐봉지를 들고 산꼭대기로 향했다. 캄캄한 밤 깊은 계곡을 지나 산을 오르려면 으스스한 기분이 들고 마치 뒤에서 뭔가가 덮치는 것 같은 두려움이 엄습해온다. 그러면 나는 큰 소리로 찬송을 부르며 능력봉으로 향한다. 능력봉에 도착하면 등은 땀으로 흠뻑 젖는다. 불안과 두려움은 간 곳 없고 우리 주님께서 “무섭아, 너 왔니?” 하면서 맞아 주시는 따뜻함과 희열을 느낄 때가 많았다. 담요와 비닐봉지를 거꾸로 뒤집어쓰고 얼굴만 나오게 한 후 앉아서 기도하다 잠 들기를 반복하면서 밤을 새우고 내려왔다.

이튿날 새벽에 내려오면 원장 권사님과 기도원 식구들은 “아니 목사님, 어제 밤에도 올라갔다 왔습니까?”하며 놀라곤 했다. 나는 이렇게 설곡리 기도원에서 1년 가까이를 기도했다. 이 기도가 나에게 큰 힘이 되었다. 나는 이 기도를 통해 하나님의 은혜를 많이 체험하고 응답을 받았다. 이 기도를 통해 늘샘교회는 15년 후 기적의 교회를 건축할 수 있는 땅을 구매하는 축복을 하나님으로부터 받게 되었다.

텅 빈 예배당을 향한 설교

교회를 개척해서 얼마 되지 않았을 때는 성도 수가 적어 난감한 적이 한두 번이 아니었다. 주일 예배 때는 멀리 떨어져 있던 동생네 가족과 몇몇 성도들이 모여 10~20명은 예배를 드릴 수 있었다. 그러나 수요 예배와 금요 심야 기도회, 특히 새벽 기도회 때는 성도 한두 명을 앉혀 놓고 예배를 드릴 때도 있었다.

어느 새벽 기도 시간이었다. 나와 아내는 평소처럼 일찍 나와 불을 켜고 묵상기도를 하며 시작 시간을 기다렸다. 그런데 그날따라 새벽 기도를 하러 나온 사람이 한 사람도 없었다. 순간 마음에 갈등이 생겼다. '오늘은 한 사람도 나오지 않았는데 그냥 두 사람이 개인 기도만 하고 마칠까?' 아내만 앉혀 놓고 예배를 드리려니 어색했다. 하지만 '지금까지 한 번도 그런 적이 없었는데 한 사람이면 어때' 하면서 강대상에 올라가 불을 켜고 새벽 예배를 시작했다.

대표 기도를 하고 찬송가를 불렀다. 웬일인지 그날따라 찬송이 더 뜨거웠고 기도는 더 간절했다. 말씀을 펴서 읽고 말씀을 전하기 시작했다. 난 종종 하나님께 기도하기를 "하나님, 교인이 몇 명이든 수백 명 수천 명 앞에서 설교하듯 설교하는 목사가 되게 해 주세요"라고 기도해왔다. 더 간절하고 뜨겁게 설교를 시작했다.

한참 설교를 하고 있는데 밖에서 아이가 울면서 지하 계단을 내려왔다. 그때 호재는 겨우 5살이었다. 우리는 새벽 기도회 때 호재가 깨면 아내가 업고 나왔지만 잠들어 있으면 그대로 두고 나오곤 했다. 그날은 우리가 나올 때는 잠들어 있었지만 중간에 깨서 울면서 지하 교회로 온 것이다. 혼자 설교를 듣던 아이 엄마는 놀라 밖으로 뛰어나갔다. 설교하던 나는 난감했다. 중단해야 할지 계속해야 할지를 몰라 당황했다. 난 아무도 없는 곳을 바라보며 설교했다. 마침 아내가 호재를 안고 들어와 앉아 설교를 마무리할 수 있었다. 이런 눈물겨운 순간, 순간들이 모여서 성도 한 사람, 한 사람이 얼마나 귀하고 소중한지를 깨닫게 해 주었다.

작고 습하고 냄새나는 지하였지만 시간이 흐르면서 성도 수가 조금씩 늘기 시작했다. 우리 부부는 매주 한두 명씩 교인들이 등록하는 기쁨에 힘든 줄도 모르고 일했다. 나는 기도와 전도, 제자훈련에 온 힘을 기울였다. 그런데 교회를 개척한 지 몇 년이 지나자 정체기가 찾아왔다. 전도는 갈수록 힘들어졌다. 설상가상으로 교인들의 이주도 늘었다. 처음으로 '목회가 참 힘들구나' 하는 생각이 들었다. 자신이 무능하게 여겨졌고 목회가 무거운 짐으로 느껴지기 시작했다.

힘들 때는 하나님 앞에 엎드려 기도하는 것밖에 다른 방법이 없었다. 처음 개척할 때 가졌던 그 열심, 용기와 자신감을 달라고, 그리고 하나님의 은혜와 능력으로 사역하게 해 달라고, 교회가 부흥되게 해 달라고 기도하며 매달렸다. 하나님 앞에 나가 기도도 했지만 현실은 별로 나아지지 않는 것 같았다. 점점 지쳐 갔다.

어느 날 제자훈련을 하기 위해 모이는 집으로 갔다. 그런데 그날따라 무슨 연유인지 반 이상이나 결석을 했다. 너무 실망이 되고 힘이 빠졌다. 그래도 겨우 힘을 내어 제자훈련을 마치고 집으로 돌아왔다. 그런데 아내가 낙심한 표정으로 나를 맞아 주었다. "무슨 일 있었어?" 하니 한 집사님 가정이 무슨 이유인지 교회를 떠나겠다고 전화가 왔다고 했다. 그런 소리를 들으니 더 마음이 괴롭고 낙심이 되었다.

신도시가 들어서면서 교인 가정들이 이사를 가고 전도에는 정체기가 찾아왔다. 나 자신도 조금씩 지쳐가고 있을 때 그런 일이 일어난 것이다. 나는 아무 말 없이 혼자 지하 예배당으로 내려왔다. 예배당의 불도 켜지 않고 강대상 앞으로 나가 혼자 무릎을 꿇었다.

"하나님, 목회가 힘듭니다. 저는 목사로서 능력이 없는 것 같습니다. 교회가 부흥되지 않고 제자훈련도 자신이 없습니다. 너무 어렵습니다. 왜 저를 목사로 만들어 주셨습니까?"

자신의 무능을 자책하며 혼자 눈물을 흘리며 기도하고 있었다. 그런데 그 순간 예배실 뒤에서 문을 두드리는 소리가 들렸다. 안산에서 목회하는 친구 목사였다. 서울에 왔다가 남 목사가 혹시 있나 싶어 들러 보았다는 것이었다. 반갑게 맞아 불을 켜고 이런저런 이야기를 나누었다. 그런데 그 친구 목사가 난데없이 "교회는 하나님이 하시나 봐!" 했다.

무슨 소리냐고 물었더니 우리 노회 교회 중에 평촌 지역에 교회를 건축한 두 교회가 있는데, 한 교회는 부흥되고 다른 한 교회는 어렵게 되어 다른 교회에 넘어가게 되었다는 것이었다. 누가 봐도 어려움을 당한 교회가 부흥될 것 같았는데 현실은 그렇지 못했다는 것이었다. 그래서 "교회는 하나님이 하시는가 봐!"라고 했다는 것이다.

"교회는 하나님이 하시나 봐!"

그 친구의 말이 내 마음속에 강한 울림을 남겼다.

"교회는 하나님이 하시나 봐, 교회는 하나님이 하시나 봐!"

마치 성령님의 음성처럼 들렸다.

친구 목사가 돌아간 후 혼자 앉아 조용히 생각해 봤다. '아, 내가 힘들어하고 낙심하고 있으니까 하나님께서 친구 목사를 보내셔서 교회는 네가 하는 것이 아니라 내가 하는 거야!'라고 말씀해 주셨구나! 내 모습은 로뎀나무 아래 쭈그리고 앉아 나를 죽여 달라고 애원하던 엘리야의 모습과 같았다. 나 자신이 부끄러웠다. 여기까지 인도해 주신 하나님을 잊고 있었다. '네가 나를 필요로 할 때 도와줄 것'이라고 약속하신 하나님을 잊고 있었다.

나는 기도했다.

"하나님, 저의 어리석음을 용서해 주십시오. 목회는 사람이 하는 것이 아니라 하나님이 하십니다. 교회는 하나님의 것입니다. 앞으로 어떤 일이 있어도 낙심하지 않고 전적으로 하나님만 의지하고 목회하겠습니다."

교회를 개척한 이듬해부터 어린이집을 시작했다. 어린이집이라야 성도들이 점심을 먹기 위해 만들어놓은 작은 지하 방이었다. 거기서 호재를 비롯한 일곱 명의 원아들이 돌봄을 받았다. 그러나 지하 방은 습기가 차고 작아 아이들이 모여 생활하기에는 너무 불편하고 건강에도 좋지 않았다. 아이들 보기에 매우 미안하고 마음이 아팠다. 아이들이 모이는 어린이집만은 빨리 좀 더 넓은 지상으로 옮겼으면 하고 기도했다.

이듬해 교회 건물 3층에 세 들어있던 공장이 다른 곳으로 옮긴다는 이야기를 들었다. 나는 아내와 상의해서 어린이집을 옮기기로 했다. 우리가 사는 방을 빼서 상가 3층을 얻고 거기에 어린이집을 만들고 한쪽에 방을 만들어 우리가 생활하자고 했다. 그렇게 하면 우리가 사는 공간은 아주 협소할 수밖에 없었다.

상가 건물에 형식적으로 꾸민 주거 생활은 그야말로 열악하기 짝이 없었다. 겨울에는 방 안의 물이 얼었다. 세수는 창문 베란다 쪽에 수도를 하나 만들어 그곳에서 했다. 화장실은 밖으로 나와 건물 계단에 있는 공동 화장실을 사용해야 했다. 어른들은 좀 불편해도 참을 수 있었지만 아이는 밤에 화장실을 가려면 엄마 아빠와 함께 나가야 했다. 세수는 주방 싱크대에서 엄마가 고양이 세수를 시켜 학교로 보내야 했다. 하지만 어린이집 아이들의 밝은 웃음소리에 힘든 줄 몰랐다.

이렇게 시작된 어린이집이었지만 해가 지나면서 힘들고 어려운 일들이 나타나기 시작했다. 어린이집 운영을 위해 해야 하는 일들이 쉽지 않았고, 소풍과 수련회 때는 꼭 차를 운전해서 따라 다녀야 했다. 무엇보다 새해가 되면 어린이집 원아 모집을 위해 선생님들과 골목골목 전단지를 붙이러 다녀야 했다.

어린이집 개학일이 다가오면 원아 모집에 걱정이 많았다. 선생님에게 물어보면 선생님은 한숨만 쉬면서 “몇 명 되지 않습니다.”라고 대답했다. 그 이야기가 내 마음을 너무 아프고 힘들게 했다. 그때마다 나는 이렇게 기도했다.

“하나님, 우리 늘샘 어린이집을 축복해 주세요. 어린이집을 위해 부족하지만 제가 그렇게 노력했습니다. 언젠가는 원아들이 늘샘 어린이집에 입학하기 위해 줄을 서게 해 주세요."

눈물겨운 노력과 간절한 기도의 응답 때문인지 늘샘 어린이집은 크게 성장했다. 정원 85명에 2개의 어린이집으로 늘어났다. 늘샘 어린이집은 광명시에서도 입학이 어려운 어린이집으로 소문이 나 있다. 입학하기 위해 해마다 100여 명의 어린이가 예비 순번으로 기다리고 있다. 늘샘 어린이집이 이렇게 되기까지 20여 년간 수고하고 헌신한 장정옥 원장을 잊을 수 없다. 장정옥 원장은 지금도 늘샘 어린이집을 섬기면서 어린이집을 자신의 분신처럼 사랑하고 있다.

건물 대신
땅을 주신 하나님

개척교회의 예배당은 조그마한 건물 지하에 있어서 습기가 많이 차고 여름에는 물을 퍼내기가 바빴다. 환경은 비록 보잘것없고 초라했지만 성도들은 즐겁고 행복해 했다. 많지 않은 성도들이었지만 거의 하루도 빠지지 않고 교회에 모였다. 기도회로 모이고, 전도하기 위해 모이고, 제자훈련으로 모였다. 성도 대부분이 하루도 교회에 나오지 않으면 답답해서 안달이 날 정도로 교회는 집과 같았고 마치 초대교회와 같은 모습이었다.

이런 성도들 때문인지 하나님은 우리 교회에 은혜를 주셨다. 교회가 조금씩 부흥되어 지하 교회에서 칠 팔십여 명, 많이 오는 주일은 백여 명이 모이는 교회가 되었다. 그때부터 성도들 마음속에 우리도 지하 예배당에서 지상으로 옮겨 가고 싶다는 소망이 생겼다. 우리는 기도하기 시작했다. 나는 인근에 2~3층에서 예배를 드릴 수 있는 예배

처소를 찾기 시작했다.

그러나 아무리 찾아봐도 적당한 곳이 없었다. 그러던 어느 날 심방하고 돌아오는 길에 큰 포크레인이 땅 파는 공사하는 것이 눈에 띄었다. 나는 공사 감독에게 물어보았다.

"여기 뭐하고 있습니까?"

현장 감독이 대답했다.

"건물을 짓고 있습니다."

대충 보아도 그렇게 작아 보이는 건물은 아니었다.

"뭐하는 건물입니까?"

"잘은 모르지만, 임대할 건물입니다."

공사가 끝나면 그곳에 교회를 얻으면 좋겠다는 생각이 들었다. 위치도 괜찮고 건물 크기도 꽤 커 보였다. 집에 와서 아내에게 그 이야기를 했다. 그랬더니 아내가 당장 한번 가보고 싶다고 했다. 우리는 차를 타고 지나가며 현장을 살펴봤다. 아내도 좋다고 했다. 그때부터 하나님께 기도했다.

"하나님, 우리 교회가 그 건물의 2층이나 3층을 얻어 옮겼으면 좋겠습니다."

나는 더 적극적으로 현장 소장을 만나 이야기했다.

"이 건물 주인이 누구입니까? 제가 주인을 만나 한 층을 임대하고 싶습니다."

그랬더니 현장 소장은 이렇게 대답했다.

"제가 주인의 조카인데 임대까지 책임을 맡고 있습니다. 그런데 주인이 불교인이라 교회에는 임대하지 않을 겁니다."

나는 약간 실망했다. 그러나 현장 소장에게 또 부탁했다.

"알겠습니다. 혹시 교회에도 임대한다면 꼭 저를 주십시오."

현장 소장은 "그렇게 하겠다."고 약속했다.

그때부터 나와 아내는 오고 가는 길에 현장 소장을 만나면 인사를 하고 어떤 때는 현장 사무실에 음료수도 사서 들고 갔다. 건물이 다 지어져 갈 무렵 나와 아내는 또 부탁하기 위해 선물을 사서 들고 현장 소장 집을 찾았다.

"목사님, 걱정하지 마세요. 교회에 임대하면 반드시 목사님께 드리겠습니다."

나는 마음으로 2층이나 3층이 다른 곳으로 임대가 나가지 않기를 바랐다. 그러던 어느 날 나는 또 현장 사무실에 들렀다. 그런데 그날따라 현장 소장이 몸 둘 바를 몰라 했다.

"목사님, 정말 죄송합니다. 다른 교회가 임대했습니다."

순간 깜짝 놀랐다. 심한 배신감이 들었다.

"아니 소장님, 그렇게 약속해 놓고…."

"예, 제가 주인에게도 교회에 임대하면 꼭 달라고 하는 교회가 있다고 이야기 했습니다. 그런데 이 동네에서 가장 오래된 교회 담임 목사님이 주인과 아는 사이라서 밤에 주인집을 찾아가 계약서를 썼습니다."

온몸에 힘이 쭉 빠졌다.

"세상에 이럴 수가…."

기가 막혔지만 어쩔 수 없는 노릇이었다. 나와 아내는 며칠간 밥도 먹고 싶지 않았다. 하지만 하나님이 더 좋은 곳을 주실 것으로 믿고 잊기 위해 기도했다. "하나님의 뜻이 있을 거야. 더 좋은 것으로 위로해 주실 거야."

예배당을 얻지 못해 속상하고 낙심하던 며칠 후였다. 평소에 전도하기 위해 몇 번 찾아갔던 부동산에서 전화가 왔다.

"목사님, 훗날 개발 가능성이 있는 곳에 땅이 나왔는데 한번 보시겠습니까?"

나는 개발 가능성이 있다는 말에 관심이 갔다.

"땅을 살 능력은 없는데…, 어디쯤입니까?"

"소하 1동인데 지금은 논이지만 언젠가는 개발됩니다. 아파트가 들어서게 될 것이고 그러면 교회를 지을 수 있습니다."

소개하는 분을 따라 하안동과 소하동 중간쯤 들판으로 갔다. 당시에 그곳은 일부 논밭이 있는 벌판이었다. 소개하는 분이 "저 중간쯤 됩니다."라며 손으로 가리켰다.

"몇 평입니까?"

"900평 정도 됩니다. 가격이 비싸지 않으니 하세요. 주인이 땅이 많은데 근래 아들들에게 섭섭한 일이 있었어요. 자기가 죽으면 다 아들들에게 돌아갈 텐데 아들 모르게 논을 몇 마지기 처분해서 자기 하고 싶은 일을 해야겠다고 땅을 내놨습니다. 사두면 도움이 될 겁니다."

"한번 상의해 보겠습니다."

교회로 돌아와 기도하면서 몇몇 집사님들과 이야기를 나누어 봤다. 그랬더니 다들 좋아했다. "언젠가는 개발이 될 테니 한번 용기를 내어 도전해보자"며 의욕이 대단했다.

그때부터 그 땅을 놓고 성도들과 기도하기 시작했다. 전 성도가 하나 되어 어려워도 믿음과 용기를 가지고 그 땅을 구입하기로 했다. 그런데 900여 평은 너무 벅차다는 생각이 들었다.

"우리가 땅을 사고 싶은데 그 땅을 다 사는 것은 힘이 드니 우리가 반 이상 하고 나머지는 다른 사람과 나누어서 샀으면 좋겠습니다."

부동산업자에게 이렇게 말했다. 그랬더니 다른 사람을 찾아볼 테니 반씩 나누어서 매입하라고 했다. 부동산업자가 분할해서 땅을 살 대상자를 찾는 동안 우리는 기다렸다. 마침내 땅을 사고 싶다는 대상자가 나타났다고 부동산업자로부터 연락이 왔다. 우리는 반반씩 그 땅을 사기로 약속하고 전체 900평 중 평수가 좀 더 많은 쪽을 교회에서 매수하기로 하고 땅 주인과 계약을 마쳤다. 하나님은 우리가 그토록 기대했던 예배당 대신 땅을 주셨다.

땅을 매입하고 나니 예배당 때문에 받았던 마음의 상처가 조금씩 잊히는 것 같았다. 그런데 몇 년 후 그 건물에 대해 충격적인 이야기를 듣게 되었다. 건물이 완공되고 얼마 되지 않아 부도가 나서 세입자가 모두 쫓겨나는 상황이 되었다는 것이다. 세입자 중 한 층을 모두 얻은 교회가 가장 규모가 큰 곳이어서 어쩔 수 없이 그 건물을 인수하는 어려움을 당했다는 이야기였다. 그나마 그 교회는 그럴 능력이 있는 교회였다.

나는 너무 큰 충격을 받았다. 만약 늘샘교회가 그곳에 들어가 그런 일을 당했다면 우리 형편으로는 그 건물을 구매할 수 없었고 어쩔 수 없이 쫓겨나야 했을 것이다. 아, 하나님께서 늘샘교회를 아시고 미리 막아주신 것이다. 다시 한 번 하나님의 은혜에 감사하고 또 감사했다.

만 배의 보상

땅을 공동으로 매입하고 잔금까지 치렀다. 분할 등기가 남았다. 두 사람이 공동으로 매입했기에 땅을 분할해서 각자 등기를 해야 했다. 부동산업자는 교회가 먼저 땅을 사기로 했고 평수도 좀 더 많으니 길 옆 땅으로 등기해 주겠다고 말했다. 당연히 그렇게 생각하고 있었기에 중요하게 생각하지 않았다. 그런데 어느 날 부동산에서 전화가 왔다.

"목사님, 큰일 났습니다."

"무슨 일인데요?"

"공동 매입자가 길 옆 땅으로 등기해야겠다고 막무가내입니다."

"사장님이 우리 교회에 우선권이 있으니 먼저 등기하겠다고 하지 않았습니까?"

"그랬지요. 그런데 이 사람이 땅에 대해 잘 아는 사람이라서 자신이 길 옆 땅으로 등기하지 않으면 그 땅을 사지 않겠다고 고집을 부리고 있습니다. 어떻게 하면 좋겠습니까?"

그 순간 아브라함과 조카 롯의 생각이 마음속에 스쳐 지나갔다. 아브라함과 조카 롯이 헤어질 때 아브라함은 롯에게 원하는 곳을 선택하라고 우선권을 주었다. 롯은 기름지고 비옥한 땅을 선택했다. 그러나 하나님은 선택권을 양보한 아브라함에게 더 큰 복을 주셨다. 성령님께서 내 마음속에 순간 감동을 주시는 것 같았다.

"내가 양보하면 하나님께서 훗날 나에게 더 좋은 것을 주시겠지!"

나는 하나님이 보상해 주실 것을 믿고 부동산업자에게 말했다.

"그분이 길가의 것을 원한다면 그렇게 하세요."

그랬더니 부동산업자는 깜짝 놀라서 재차 물었다.

"그래도 괜찮겠어요?"

"그러세요. 먼저 선택하라고 하세요."

그런데 막상 등기를 마치고 나니 전혀 다른 상황이 벌어졌다. 주인이 한 사람일 때는 별 상관이 없었지만 두 사람으로 분할하고 나니 안쪽 땅은 '맹지'가 되었다. 길이 없어 농사를 짓기 어려운 땅이 된 것이다. 땅의 가치도 엄청나게 떨어졌다. 이런 사실을 알고 공동 매입자가 그렇게 난리를 쳤던 것이다. 나는 맹지라는 말을 처음 들었고 그 뜻도 몰랐다. 어리석고 바보 같은 결정이었다. 그러나 이미 엎질러진 물이었다. 우리는 그때부터 그 땅을 마음속에 놓고 하나님께 기도하기 시작했다.

'하나님, 언젠가 그 땅이 개발되고 아파트가 들어서면 그곳에 늘샘교회가 세워지게 해 주세요. 아름다운 교회가 세워지게 해 주세요.' 그런데 놀랍게도 15년 후 하나님은 우리 교회에 그것을 보상해 주셨다. 그 땅에 7천 세대의 아파트 단지가 들어섰고, 아파트 단지 안에 종교용지가 추첨 분양되었다. 수많은 교회가 응모한 가운데 하나님은 지금 늘샘교회가 세워져 있는 그 종교용지를 우리 늘샘교회에게 허락해 주셨다. 만 배로 보상해 주신 것이다.

친절에는 보상이 따른다

미국 네바다주 사막 한복판에서 낡은 트럭을 끌고 가던 '멜빈다마'라는 젊은이는 허름한 차림의 노인을 발견하고 차를 세웠다.

"어디까지 가십니까? 타시죠!"

"고맙소, 젊은이! 라스베이거스까지 태워다 줄 수 있겠소?"

목적지에 이르자 노인을 노숙자라고 생각한 젊은이는 노인에게 1달러를 주었다.

"영감님, 배고프실 텐데 간단한 요기라도 하세요."

"참 친절한 젊은이로구먼. 명함 한 장 주게나."

젊은이는 무심코 명함을 건네주었다.

"멜빈다마! 이 신세는 꼭 갚겠네. 나는 '하워드 휴즈'라고 하네."

세월이 흘러 이 일이 까마득하게 잊혔을 무렵 기상천외한 사건이 벌어졌다. '세계적인 부호 하워드 휴즈 사망'이란 기사와 함께 유언장이 공개되었다. 하워드 휴즈가 남긴 유산의 16분의 1을 멜빈다마에게 증여한다는 내용이었다. 멜빈다마가 누구인가? 아는 사람이 없었다. 유언장 이면에는 멜빈다마의 옛날 명함과 '살아오면서 만났던 가장 친절한 사람'이란 코멘트가 붙어 있었다.

친절한 사람! 이것이 유산을 남겨주는 유일한 이유였다. 하워즈 휴즈의 유산 총액은 25억 달러로, 그 16분의 1은 최소 1억5000만 달러에 달했다. 우리 돈으로 대략 2천억 원이었다. 무심코 베푼 1달러가 1억5000만 배가 되어 되돌아온 것이다! 친절은 '나' 중심이 아니라 '너' 중심의 삶을 사는 것이다.

성경에는 강도 만난 사람의 비유가 소개된다. 한 사람이 예루살렘에서 여리고로 내려가다가 강도를 만났다. 위험한 상황이었다. 그런데 정말 친절을 베풀어야 할 제사장과 레위인은 그를 그냥 지나쳐 버린다. 그들은 나 중심으로 살아가던 사람들이었다. 그런데 사마리아인 한 사람이 그 길을 지나가다가 강도 만난 사람에게 친절을 베풀어 주었다. 그를 불쌍히 여겨 상처를 싸매주고 데리고 와서 끝까지 돌봐 주었다. 남이 보지 않는 데서 베푸는 친절, 위험을 감수하고 베푸는 친절, 생면부지의 사람에게 베푸는 친절, 자신의 것을 희생하며 베푸는 친절, 지속해서 베푸는 친절을 배워야 한다. 예수님은 모든 인간을 위해 자기 몸을 주셨고 사랑을 베풀어 주셨다. 무엇이든 심는 대로 거둔다. 늘샘교회는 베푸는 교회가 되도록 기도해야 한다. 남을 위한 친절에는 분명히 보상이 따른다.

믿음으로 이룬 예배당 이전

비록 크지 않은 땅이지만 먼 훗날 성전을 지을 땅을 매입해 놓으니 성도들의 마음속에 꿈이 생기고 비전이 생겼다. 우리도 언젠가는 하나님의 은혜로 성전을 건축할 수 있다는 희망을 품게 되었다. 지금은 지하 예배당에서 예배를 드리지만 하나님께서 인도해 주실 것을 믿고 은혜 안에서 믿음 생활을 했다.

땅을 구입하고 얼마 후 개명교회를 섬기고 있는 권사님으로부터 전화가 왔다. 내가 개명교회에서 전도사 생활을 할 때 잘 알고 지냈던 권사님이신데 기도를 많이 하고 남모르게 섬기는 일을 많이 하셨다. 남편 되는 임기봉 집사님은 건축업을 하셨는데 참 믿음이 좋은 가정이었다. 늘샘교회를 개척할 때 두 분의 도움이 많았다.

"목사님, 소하동 늘샘교회 길 건너편에 우리가 지은 볼링장 건물이 있는데 거기 3층을 전세로 내놓는다고 하네요. 거기에 교회를 했으면 좋겠어요."

나는 볼링장 건물 3층이 났다는 소리를 듣고 가슴이 설레기 시작했다. 그 건물은 소하동에서는 제일 큰데 2층과 3층에 볼링장이 있었다. 임기봉 집사님의 건축 회사가 시공해서 몇 번 들른 적이 있었다. 그때 임 집사님은 "목사님, 이 건물은 볼링장을 하기 위해 짓고 있는데 천장도 높고 방음벽을 잘 해서 교회를 하면 좋을 건물이에요."라고 이야기한 적이 있다. 그러나 나는 이제 막 지하 교회를 개척한 때여서 그 건물에 들어간다는 것은 언감생심 상상도 할 수 없는 때였다.

마음은 설레고 두근거렸지만 우리 교회 상황이 떠올랐다. 소하 1동에 땅을 매입한 지 일 년이 갓 지난 시점이었다. 농협에서 대출을 받아 힘겹게 땅을 매입하고 이자를 갚아 나가기에도 힘겨운 상황이었다. 나는 권사님께 교회 형편을 이야기했다. 그런데 기도하는 분이라서 그런지 "목사님, 지금까지 목사님이 하신 것이 있어요? 다 하나님이 하셨는데 그것도 하나님이 하실 줄 믿고 시도해 보세요."라고 말했다. 전화를 끊고 생각해 보았지만 너무 벅차고 힘든 일이었다.

그런데 마음속에 성령님께서 용기를 주셨다. '그래, 하나님이 하시면 할 수 있어! 한 번 믿음으로 부딪쳐 보자.' 권사님과 함께 건물 주인을 만나기로 했다. 건물이 커서 보증금과 월세가 우리의 기대수준을 넘어섰다. 인간적인 기준으로 생각하면 대출 이자를 갚으면서 볼링장 건물을 임대한다는 것은 도저히 불가능한 일이었다. 그런데 마음속에서는 하나님을 의지하고 믿음으로 나아가라는 용기와 도전이

대원부동산

생겼다.

기도하기로 했다. 아침저녁으로 지하 예배당에 내려가서 하나님에게 매달렸다. 금요일은 설곡리 기도원으로 가서 기도했다. 기도하면 할수록 용기가 생기고 하나님의 일은 내가 하는 것이 아니고 하나님이 하신다는 확신과 믿음이 생기기 시작했다. 나는 교인들 가운데 지도자가 되는 몇 분을 불러 모아놓고 볼링장 건물 이야기를 꺼냈다. 그 건물을 임대해서 옮기고 싶다고 말했다. 내 이야기에 모두들 서로의 얼굴만 쳐다볼 뿐 선뜻 나서는 사람은 없었다. 나는 단호하게 "하나님이 인도하실 것을 믿고 나가자"고 말했다. 그랬더니 집사님들은 "목사님께서 하시면 우리는 그저 열심히 따라가겠습니다."라고 말했다. 우리는 200평이 넘는 볼링장 건물을 계약했다. 개척한 지 7년 만에 어둡고 좁은 지하 예배당에서 소하동에서 제일 넓고 큰 건물 3층으로 이전하게 되었다. 30평 남짓한 지하에서 예배를 드리다 200평이나 되는 건물로 이사를 하니 그 넓은 공간을 어떻게 리모델링해야 할지 엄두가 나지 않았다. 건물의 구조를 자세히 살피고 수십 번 그렸다 지우기를 반복하며 본당, 교육관, 어린이집, 사무실, 서재, 주방을 구조에 맞춰 설계하고 공사했다. 마침내 리모델링이 끝나고 우리는 새롭게 단장된 볼링장 3층 예배 처소로 이전했다.

더 넓은 배움의 길

나는 항상 배움에 대한 갈망이 있었다. 서울에 올라와서 남의 집에서 일할 때도 학교에 다니는 또래 친구들을 보면 부러운 눈으로 물끄러미 쳐다보았다. 그런 갈망이 검정고시를 준비하게 했고 군 제대 후에는 신학교에 들어갈 수 있는 기반이 되었다. 그런 갈망은 교회를 개척한 이후에도 마르지 않았다.

열심히 목회하던 중 총신 신대원과 미국 리폼드 신학교(Reformed Theological Seminary)가 공동으로 운영하는 목회학 박사과정이 있다는 사실을 알게 되었다. 얼마 후 나는 그 과정에 등록했다. 자격은 신대원을 졸업하고 현재 교회에서 목회하는 목사였다. 총 2년 과정으로 4학기 중 3학기는 한국에서 RTS 신학대학원 교수님이 강의를 듣고 마지막 한 학기는 미국 본교로 가서 공부해야 했다. 그리고 논문을 써서 통과해야 학위를 딸 수 있었다.

오랜만에 가방을 들고 십몇 년 전 다녔던 사당동 총신대학을 찾았다. 학교는 많이 바뀌어 있었다. 보이지 않던 건물도 있었고 무엇보다 본관 건물이 새롭게 신축되어 있었다. 함께 등록한 목사님들 가운데는 오래전 대학원에서 함께 공부했던 동기들도 몇몇 눈에 띄었다.

반가웠다.

배운다는 것은 정말 즐거운 일이다. 정신없이 목회만 하다 다시 배울 수 있다는 사실이 여간 기쁘지 않았다. 특히 이번에는 교수님의 대부분이 미국 RTS의 교수님들이었다. 이분들이 강의하고 한국 교수님은 통역만 하셨다. 많은 것을 보고 경험하고 배울 수 있어 즐거웠다.

한국에서 3학기 과정을 마친 학생들은 미국 본교에 가서 마지막 한 학기 수업을 받아야 학위 논문을 제출할 수 있는 자격이 주어진다.

우리는 미국에 가서 한 학기 수업을 받기 위해 준비했다. 중학교를 겨우 마치고 서울로 올라온 내가 목회학 박사학위 과정을 위해 미국까지 가게 된다니 너무 감격스럽고 감사할 뿐이었다.

나는 신문과 우유 배달을 하며 검정고시를 준비하던 초라한 고학생이었다. 첫 고등학교 졸업 자격시험에 실패하고 혼자 남산에 오르며 외롭고 서러워 한없이 울던 신문 배달부였다. 육군사관학교 시험에 실패하고는 인생을 포기했던 실패자였다. 이처럼 초라하고 보잘것없는 자를 하나님께서 인도해 주셨다. 하나님은 내가 희망했던 군인 사관학교가 아니라 하나님 나라의 사관학교로 인도해 주신 것이다. 그것도 미국까지 가서 공부할 수 있는 길로 인도해 주셨다.

상상도 할 수 없던 일이 현실로 이루어진 것이다. 이 모든 것이 하나님의 인도하심이고 하나님의 은혜였다.

미국 비자는 단기 수업 비자를 학교에서 공동으로 받게 되어 그리 어렵지 않았다. 인솔 교수님 한 분과 20명이 안 되는 학생들이 마지막 한 학기를 위해 미국 플로리다 올랜도로 향했다. 비행기에서 내려다보는 미국 땅은 얼마나 넓고 웅장하던지! 끝이 보이지 않는 초원지대, 붉은색으로 뒤덮힌 기암괴석의 산악지대, 사막처럼 보이는 광야지대…. 정말 넓고 큰 나라였다.

공항으로 마중 나온 학교 직원들의 안내를 받으며 버스를 타고 학교 숙소로 향했다. 숙소를 배정받고 2주간 아침 9시부터 저녁 9시까지 집중 코스 과정으로 한 학기 수업을 받았다. 올랜도에서의 공부 시간은 내 평생 가장 즐겁고 흥분되는 시간이었다. 배움에 대한 갈망이 많았던 나로서는 학문적으로 더 넓고 깊은 세계로 나아가는 여정이었다. 마치 무엇인가에 이끌려 신비한 세계로 여행하는 기분이었다.

하지만 한 학기 과정을 2주 만에 끝내는 집중 강의는 쉬운 것이 아니었다. 아침 9시부터 저녁 9시까지 10분 쉬는 시간과 점심시간을 빼고는 꼼짝도 할 수 없었다. 본교 교수님들은 한국에서 온 목회자들을 위해 진지하고 열정적으로 정성을 쏟았다. 강의는 시간마다 새롭고 흥미로웠다. 우리는 한마디도 놓치지 않으려고 강의에 몰입했다.

주일날은 한인 교회에 가서 예배를 드렸다. 교회에서 제공해 주는 점심을 교인들과 함께 먹으며 교제하는 시간이 그렇게 은혜로울 수 없었다. 마지막 날은 총장님과의 만찬이 마련됐는데 영광스러운 자리였다. 모든 과정을 마치고 며칠간 미국 서부 지역을 여행하는 기회를 얻었다. 올랜도에서의 3주간은 꿈같은 시간들이었다. 하나님은 나같이 부족한 자를 위로해 주시고 마음의 눈물을 닦아 주셨다. 상상할 수 없는 과분한 선물을 주시고 은혜를 베풀어 주셨다. 이 모든 시간들은 내 생에 가장 행복했던 한 페이지로 지금까지 남아있다.

제자훈련에 관한 RTS 학위 논문

한국으로 돌아온 나는 바쁜 목회 사역 중에도 마지막 학위 논문을 쓰기 위해 노력했다. 논문 제목은 '제자훈련 시 지도자가 겪는 문제 및 그 해결 방안에 관한 연구'였다. 내가 이 논문을 쓰게 된 것은 제자훈련 시 지도자들이 겪는 많은 문제 가운데 상당 부분이 지도자 자신의 문제라는 것을 경험하고 깨달았기 때문이었다.

나는 교회를 개척한 지 얼마 되지 않아 제자훈련 목회를 시작했다. 제자훈련 지도자 세미나를 마치고 돌아와서부터 제자훈련에 집중했다. 그래서 늘샘교회는 제자훈련을 통해 성장하고 발전한 교회라고 할 수 있다. 많은 목회자와 평신도들이 우리 교회를 다녀간 후 이구동성으로 이렇게 이야기했다.

"교회가 밝고 은혜로우며 성도 한 사람 한 사람이 친절하고 헌신적이다. 교회가 지역을 섬기며 봉사를 많이 한다."

부족하지만 우리가 이런 이야기를 들을 수 있었던 것은 성도들이 제자훈련을 통해 예수님을 배우고 닮은 결과가 아닌가 생각한다. 제자훈련을 통해 이런 장점과 아름다운 열매도 나타났지만, 솔직히 나 자신은 제자훈련에 대해 아쉬움과 부족함을 많이 느끼고 있었다. 다른 무엇보다도 나 자신이 많이 부족하다는 것을 느꼈다. 제자훈련을 하면서 제자훈련을 받는 교인, 훈련생들의 환경, 시간, 자세, 마음가짐 같은 문제도 있지만 사실 제자훈련의 근본 문제는 지도자 자신이라는 것을 깨달았다. 지도자의 철학, 가치관, 인격, 준비, 열정, 기도가 더 큰 문제였다.

그래서 제자훈련 시 지도자가 겪는 문제가 무엇이고 그 원인은 어디에 있는지 그리고 그것을 해결하는 방안은 무엇인지 솔직하게 논문으로 쓰고 싶었다. 제자훈련은 지도자가 예수님의 제자를 낳고 키우는 훈련이라고 할 수 있다. 그러기 위해서는 지도자가 역할 모델이 되어야 한다. 지도자가 예수님의 인격과 마음을 가지고 자식을 낳아 키우는 사역이다. 바울은 이렇게 고백했다.

"내가 그리스도를 본받은 자 된 것같이 너희는 나를 본받는 자가 되라"(고전11:1).

"그리스도 안에서 일만 스승이 있으되 아비는 많지 아니하니 그리스도 예수 안에서 복음으로 내가 너희를 낳았음이라"(고전 4:15).

제자훈련이 벽에 부딪히고 은혜롭지 못한 이유는 지도자 스스로가 작은 예수가 되고 훈련생을 복음으로 낳으려는 자세를 갖지 않는데 있다고 생각한다. 이런 것은 무시한 채 프로그램, 숫자, 방법, 기술을 앞세우면 실패할 수밖에 없다. 나는 이런 내용으로 논문을 쓰고자 했다. 내가 목회 현장에서 느끼고 경험한 것을 토대로 썼기 때문에 큰 어려움은 없었다. 사역 속에서 경험했던 다양한 문제들과 그것을 한 가지씩 해결해 왔던 경험들을 솔직히 기술하는 것이 중요했다.

논문을 지도해 주신 미국의 라센 교수님과 김은수 교수님은 논문을 읽어 보시고 가장 모범적이며 좋은 논문이라고 격려와 칭찬을 주셨다.

건강한 제자훈련을 위한 지도자 모델

— 논문 가운데서

예수님의 제자훈련 모델

목적의 분명성

예수님은 이 땅에 분명한 목적을 가지고 오셨고, 그 목적을 위해 사셨고, 그 목적을 위해 돌아가셨다. 예수님이 이 땅에 오신 첫 번째 목적은 양으로 생명을 얻게 하시고 더욱 풍성하게 얻게 하시기 위함이셨다. "도둑이 오는 것은 도둑질하고 죽이고 멸망시키려는 것뿐이요 내가 온 것은 양으로 생명을 얻게 하고 더 풍성히 얻게 하려는 것이라"(요 10:10). 예수님은 인간을 구원하시기 위해 오셨다.

죄의 형벌과 저주 아래 있는 인간, 죗값을 치러야 하는 인간을 위해 자신이 친히 죗값을 십자가에서 죽음으로 대신 치러 주시고 오직 예수를 믿는 자는 그 공로를 힘입어 믿음으로 구원받게 해 주시기 위해 이 땅에 오신 것이다.

다음 예수님이 이 땅에 오신 목적은 자신을 통한 하나님의 뜻을 세상 사람들에게 전파하고 이 땅에 하나님의 나라를 세우시는 일이었다.

이 일은 오직 훈련된 일꾼만이 할 수 있는 일이므로 예수님은 이 일을 할 수 있는 사람을 세우기 위해 제자들을 부르시고 훈련시켜 세상으로 내신 것이다. 세상으로 보내시면서 너희도 똑같은 일을 하라고 명령하셨다.

"그러므로 너희는 가서 모든 민족을 제자로 삼아 아버지와 아들과 성령의 이름으로 세례를 베풀고 내가 너희에게 분부한 모든 것을 가르쳐 지키게 하라 볼지어다 내가 세상 끝날까지 너희와 항상 함께 있으리라 하시니라"(마 28:19~20).

제자훈련은 왜 성도들을 세워 제자훈련을 해야 하는지 그 목적이 분명해야만 하고 그 목적에 맞는 훈련을 해야만 한다.

선택의 신중성

예수님은 제자들을 세우시는 일에 철저히 하나님의 뜻을 알기를 원했고 하나님의 뜻대로 세우시기를 원하셨다. 그래서 예수님은 제자들을 세우시기 전 산에서 기도하시고 다음 날부터 제자들을 세우시기 위해 찾아 나섰다.

"이 때에 예수께서 기도하시러 산으로 가사 밤이 새도록 하나님께 기도하시고 밝으매 그 제자들을 부르사 그중에서 열둘을 택하여 사도라 칭하셨으니"(눅 6:12~13).

예수께서 제자로 부르신 사람들을 보면 인간적으로 학식이 뛰어나거나, 재능과 능력이 있거나, 사람들에게 영향력을 끼칠 수 있는 유능하고 뛰어난 사람을 뽑지 않으시고 아주 평범한 사람들, 즉 어부,

세리 등과 같이 보잘것없는 사람들을 부르시고 세우셨다. 세상적인 가치 기준을 가지고 부르지 않으시고 오직 하나님의 뜻을 이루시기 위해 가장 합당한 자 그리고 효과적인 훈련을 위해 소수의 사람을 부르시고 함께 하신 것을 알 수 있다. 이와 같은 것을 볼 때 교회 안에서 제자훈련생을 선발하는 목적도 오직 하나님의 뜻, 하나님의 나라를 위한 것이 목적이 되어야 함을 알 수 있다.

훈련의 철저성

예수님은 제자를 부르시고 제자를 훈련시키시기로 계획하셨을 때 앞으로 그들이 무엇을 해야 하며, 또 그들이 가서 하나님의 뜻을 펼치고 이루어 나가야 할 세상이 어떤 곳인지 너무나 잘 알고 계셨다. 제자들이 가야 할 세상, 제자들이 가서 영혼을 구원하고 그들을 제자로 삼아야 할 세상은 그들을 환영하고 대우해 주는 곳이 아니라 오히려 그들을 거부하고 무시하고 핍박하는 곳이라는 것을 잘 알고 계셨다. 그래서 예수님은 제자들에게 이렇게 말씀하셨다.

"보라 내가 너희를 보냄이 양을 이리 가운데 보냄과 같도다 그러므로 너희는 뱀같이 지혜롭고 비둘기같이 순결하라 사람들을 삼가라 저희가 너희를 공회에 넘겨주겠고 저희 회당에서 채찍질하리라 또 너희가 나를 인하여 총독들과 임금들 앞에 끌려가리니 이는 저희와 이방인들에게 증거가 되게 하려 하심이라"(마 10:16~18).

예수님은 이 모든 것을 염두에 두시고 제자들을 훈련시키셨으므로 "

자기와 함께 있게 하시고 또 보내사 전도도 하며 귀신을 내어 쫓는 권세도 있게 하려 하심이라"(막 14:15)처럼 철저하게 훈련 시키셨고 능력을 갖추게 하시고 그 위에 반드시 성령을 받아야 한다고 말씀하셨다. 제자훈련의 소중함 가운데 하나는 훈련의 철저성이다. 철저한 훈련이 뒷받침 되지 않으면 양질의 제자를 세울 수 없고 그들이 이 어둡고 악한 세상에 들어가서 제자의 삶, 더 나아가 세상 사람들을 제자로 삼을 수 없다.

가르침의 모범성

예수님은 지적인 수준이 높거나 뛰어난 역량을 가진 사람들을 제자로 부르지 않으시고 평범한 갈릴리 어부들과 같은 부족하고 허물이 많은 사람을 부르시고 하나님의 거룩한 뜻을 이 땅에 성취하기 위해 영적인 거룩함 안에서 성장하도록 이끄셨다. 제자들은 하나님의 뜻을 이루어야 하는 자들로 확고한 믿음과 높은 영적 수준의 인격과 삶을 갖추지 않으면 안 되었다. 이것은 단지 지적인 가르침만으로는 불가능한 일이었다.

예수님은 이 거룩한 사역을 감당할 수 있는 자로 세우기 위해 자신의 인격과 삶을 닮게 해야만 하셨다. 이처럼 자신을 닮게 하는 가르침은 친히 자신을 보여 주는 가르침의 모범밖에 없는 것이다. 예수님의 제자훈련은 자신과 함께하는 삶의 모범을 통해 자신을 친히 보여주심으로 배우고 닮고 따라오게 하셨다. 제자훈련의 생명은 지도자의 모범에 있는 것이다. 지도자가 예수님처럼 자신의 인격과 생활과 삶을 훈련생들에게 정직하게 보이며 모범을 보이는 훈련이 될 때 진정한 제자로 세워지는 훈련이 될 것이다.

열매 맺는 제자훈련을 위한 지도자가 되려면

지도자가 먼저 제자가 되어라.

제자훈련을 성공적으로 하는 비결은 지도자가 먼저 제자가 되어야 한다는 것이다. 제자훈련은 지식을 전달하는 성경공부가 아니다. 예수님을 배우게 하고 닮게 하여 예수님처럼 살게 하는 데 목적이 있다. 인격과 삶을 바꾸고 변화시켜 작은 예수를 만드는 것이 제자훈련이다. 이 훈련은 지식이나 이론을 전달하고 가르치는 것이 아니라 지도자의 삶의 모습을 직접 보여주어야 한다. 예수님은 제자들에게 약속된 시간과 장소에 모여 말씀 공부를 시킨 것이 아니라 그들과 함께 동거하며 삶 자체를 보여주시며 훈련시키신 것이다. 예수님은 단지 말로만 가르치려 하고 말씀의 채찍을 들고 판단하고 정죄하며 진정한 삶이 없이 오직 사람들에게 겉모습만 보이려고 하는 위선적이고 외식적인 당시의 바리새인들을 무섭게 책망하셨다.

제자훈련이 힘들고 어려운 것은 예수님처럼 함께하며 자신을 보여주는 데 있다. 제자훈련 지도자는 스스로가 예수의 제자가 되고 작은 예수가 되어야 한다. 제자훈련 지도자는 자신의 삶을 우리의 영혼의 구주시며 우리 삶의 주인이 되시는 예수님께 전적으로 맡기는 위탁의 삶을 살아야 한다. 제자훈련 지도자는 예수님처럼 섬기는 삶을 살아야 한다. 예수님은 가난하고 병든 자, 고아와 과부, 죄인과 세리의 친구가 되어 주셨고, 그들의 필요를 채워 주셨으며, 죄인인 인간을 위해 자신의 전

생애와 생명을 기꺼이 바친 것처럼 지도자는 이와 같은 예수님의 삶을 자신이 직접 보이며 증거하는 삶을 살아야 하는데 있다.

제자훈련에 대한 분명한 목회철학을 정립하라.

제자훈련은 기술과 방법만으로 되는 것이 아니라 영적 지도자의 분명한 목회 철학과 가치관에서 결정된다. 예수님이 이 땅에 오셔서 하신 사역 가운데 가장 소중한 사역이 제자들을 부르시고 함께하시고 제자들을 훈련시켜 세우시는 사역을 하셨다. 그리고 그 제자들을 세상에 보내시며 너희도 같은 제자로 삼으라고 명령하셨다. 그 명령은 제자들이 세상으로 나가 세울 이 땅의 모든 교회에 하신 명령이셨다. 이 땅의 모든 교회는 예수 그리스도를 통한 하나님의 구원 계획, 하나님의 나라가 이루어지기 위해서는 훈련된 제자들을 세워 그들이 그 사명을 감당하기를 원하시는 것이 이 땅의 모든 교회를 향한 하나님의 뜻임을 명심해야 한다. 모든 교회 영적 지도자는 제자훈련을 통해 평신도를 훈련하여 리더들을 세우고 그들에게 하나님의 뜻을 이루는 일에 헌신된 사역자를 훈련하여 세워야 한다는 분명한 목회 철학과 목표를 가져야 한다.

노력하는 지도자가 되라.

제자훈련 지도자는 끊임없이 노력하는 지도자가 되어야 한다. 제자훈련 지도자는 단순히 성경을 가르치는 선생이 아니라 한 사람 한 사람의 인격과 삶을 바꾸고 변화시켜 그들을 그리스도 안에서 완전한 자로 세우고, 그들로 하여금 다른 사람을 예수님에게로 인도하고 그들이 예수를 닮은 제자의 삶을 살도록 세우는 사역을 하는 작은 예수, 평신도 리더를 세우는 것이다.

그래서 제자훈련 하는 지도자는 단순히 가르치는 기술과 실력만 갖춰서는 안 된다. 제자훈련 지도자는 더 효과적이고 능률적인 영성 훈련을 위해 노력해야 한다. 스스로 예수님을 닮기 위해 노력해야 하고 작은 예수가 되도록 노력해야 한다. 제자훈련 지도자가 끊임없이 기도하고 노력하지 않으면 훈련 자체가 자기도 모르는 사이에 매너리즘에 빠져들고 지식만 가르치는 성경공부로 전락할 수 있어 열매 없는 쭉정이만 남는 삭막한 훈련이 될 위험이 있다. 끊임없는 노력이 있을 때만 훈련이 열매를 맺을 수 있다.

제자훈련 중 시험은 반드시 있음을 명심하라.

제자훈련 중 시험은 반드시 있다는 것을 명심해야 한다. 제자훈련은 새 생명을 탄생시키고 그 생명을 건강한 자로 양육하여 이 땅에 예수님의 사역을 계승 받아 하나님의 뜻을 이루고 하나님의 나라를 세워가는 일이다. 여기에 가장 소중하게 쓰임 받는 성숙한 그리스도인을 만들며 평신도 리더들을 세워 사탄 마귀와 싸워 승리하는 영적인 군사를 만드는 교회의 중추적인 사역이다.

사탄 마귀는 이 제자훈련을 가장 싫어하며 미워한다. 예수님도 제자들과 함께하시며 그들을 훈련시키실 때 사탄 마귀로부터 많은 질투와 방해를 받으셨다. 예수님에게도 가룟 유다가 있었다. 그러므로 사탄 마귀의 방해가 반드시 있을 뿐 아니라 무섭고 집요하다는 것을 각오하고 인내해야 한다. 결과와 열매는 하나님께 맡기고 유혹과 시험 속에서 참고 인내해야 한다.

행복한 지도자가 되어라.

제자훈련을 성공적으로 지속하고 열매를 맺으려면 즐거운 마음으로 해야 한다. 언젠가 한국의 박지성 선수가 소속되어 있는 영국 맨체스터 유나이티드 감독이 큰 경기를 앞둔 선수들에게 한 말이 신문에 기사화되었다.

상대 팀은 그때까지 리그 1위를 달리고 있는 강팀이었고 큰 경기를 앞둔 선수들이 긴장하고 있었다. 반드시 이겨야만 하는 경기였다. 감독은 경기 직전 운동장에 나가기 위해 준비하고 있는 선수들에게 다음과 같이 말했다.

"너희들은 반드시 이길 수 있는 실력과 능력을 갖추고 있다. 너희들은 운동장에서 경기를 마음껏 즐겨라. 운동장에 들어가서 너희들이 가장 즐겁고 신나게 노는 모습을 거기 모인 모든 관중에게 보여주고 나오라."

감독의 소리를 들은 선수들은 정말 운동장에서 즐거운 마음으로 경기를 했고 아니나 다를까 그 경기에서 승리했다. 무슨 일이든 즐겁게 하면 결과도 좋게 나타난다. 제자훈련은 즐거워야 한다. 제자훈련 지도자가 훈련이 재미있고 즐거울 때 훈련생들 역시 재미있고 즐거울 수밖에 없다.

세상으로 파송시키는 지도자가 되어라.

제자훈련의 목적이 단지 그리스도인 한 사람 한 사람을 예수님을 닮게 하고 인격을 바꾸는 것에만 있어서는 안 된다. 제자훈련의 궁극적인 목적은 이 땅에 하나님의 뜻을 이루는 데 쓰임 받는 하나님의 일꾼을 세우는 데 그 목적이 있다.

훈련받은 성도들은 어떤 형태로든 세상에 들어가 빛과 소금이 되며 거룩한 누룩이 되어 세상을 변화시키며 하나님의 나라를 확장시키는 예수의 제자로 살아가야 한다. 제자훈련은 성도 한 사람 한 사람을 그리스도 안에서 예수님을 배우고 닮게 하여 예수 그리스도의 장성한 분량에 이르는 자로 세울 뿐 아니라 세상 속에서 작은 예수로 살아가며 이 땅에 하나님의 나라를 확장시키는 리더가 되어야 한다. 제자훈련은 훈련된 자들을 세상으로 파송해야만 한다.

박사학위,
그리고 비행기 일등석

논문이 최종적으로 통과되었다. 이제 미국 뉴욕주 잭슨 시티에 있는 리폼드 신학교에서 학위를 받는 일만 남았다. 가슴이 두근거리고 실감이 나지 않았다. '내가 과연 이런 자격이 있을까?' 두려운 생각이 들었다. 돌아가신 어머니가 한 말씀이 생각났다.

"가을에 벌겋게 익은 고추나 누렇게 익은 벼를 바라보면 고생했던 것이 사라진다."

우리 어머니는 봄과 여름에 정신없이 일하셨다. 여름에 한참 논밭에서 일하실 때는 온몸이 땀과 비에 젖어 모습이 말이 아니셨다. 그 노력과 땀과 눈물과 수고의 열매로 누렇게 익은 열매들이 나타났다. 하지만 어머니는 그런 열매들을 보면 언제 그런 일이 있었느냐는 듯 고생한 것이 다 잊힌다고 하셨다. 나도 우리 어머니처럼 고생한 결과가 이것인가?

나는 우리 어머니처럼 그렇게 수고하고 애쓰며 살아오지 않은 것 같았다. 혹시 눈물과 땀이란 대가 없이 주어진 것이면 어떻게 하나 불안하기도 했다. 하나님께서 부족한 나에게 베풀어 주신 은혜의 선물일 것이다. 더 감사하며 더 열심히 일하라고 주신 선물일 것으로 생각해 본다.

졸업식에는 아내와 함께 참석하게 되어 있었다. 그동안 고생하며 사역해 온 아내가 남편의 목회학 박사학위 수여식에 참석하기 위해 미국을 가게 되었으니 남다른 감회가 있었을 것이다. 아내는 결혼하고 개척을 시작한 뒤부터는 일을 내려놓고 오직 교회 사역에만 매달렸다. 온종일 심방, 전도, 때로는 교회 청소, 꽃꽂이 모든 것이 아내의 몫이었다. 피곤으로 지쳐있을 때도 새벽이면 나와 함께 새벽기도회에 빠짐없이 참석했다. 하나님께서 그동안 고생한 아내에게도 보상해 주시는 것 같았다.

본교에 가서 며칠 머문 뒤 본교 학생들과 함께 졸업식에 참석했다. 졸업식은 요란하지 않으면서도 장엄하고 품위가 느껴졌다. 다양한 학위 수여식이 진행되었다. 마침내 목회학 박사학위 수여식 순서가 되었다. 내 이름이 호명되었다. 나는 졸업식 강단 위로 올라가 총장님 앞에 섰다. 총장님은 친히 학위증을 수여해 주시고 박사 후드를 걸어 주셨다. 총장님과 학장님 이하 많은 교수님들이 악수로 축하해 주었다. 내 눈에는 눈물이 고였다. 흐린 눈빛 저 너머로 아내의 모습이 보였다. 아내는 강단 위로 올라가 학위증을 받는 남편 사진을 찍으면서

연신 눈물을 닦아 내고 있었다. 아, 나같이 못나고 부족한 자가 이 영광스러운 자리에서 박사 가운을 입고 학위증을 들게 될 줄은 꿈에도 생각 못했다. 가슴이 벅차올랐다. 한없는 하나님의 은혜에 감사하고 또 감사했다.

그렇게 졸업식을 마치고 귀국길에 올랐다. 박사 학위증을 가지고 한국으로 돌아간다는 사실에 마음이 설레었다. 학교에서 제공해 준 버스를 타고 잭슨 공항으로 이동했다. 날이 흐리고 비가 올 것 같다는 생각이 들었으나 큰 걱정 없이 출발했다. 잭슨 공항에서 비행기를 타고 뉴욕 공항으로 갔다가 다시 LA 공항으로, LA 공항에서 또 다시 인천 공항으로 가는 노선이었다.

잭슨 공항에 도착하니 바람이 불고 비가 억수같이 쏟아지기 시작했다. 우리는 걱정스러운 마음으로 비가 그치기를 기다렸다. 안내 방송이 나왔다. 바람이 심하고 비가 많이 내려 비행기가 이륙할 수 없다는 안내였다. 승객들이 술렁거렸다. 오랜 기다림 끝에 비가 그치고 마침내 비행기가 이륙했다. 그러나 이미 2시간이나 연착된 상태였다. 뉴욕 공항에 도착하니 우리가 타고 가야 했던 뉴욕발 LA행 비행기는 이미 떠난 후였다.

우리는 UA기 항공사 직원에게 사정을 설명했다. 우리는 한국의 목사들인데 토요일인 내일까지 인천으로 돌아가지 못하면 많은 교회가 모레 주일 예배를 드리지 못하고, 교인들은 교회에 왔다가 그냥 돌아가야 한다고 말했다. 이야기를 들은 항공사 직원의 얼굴이 굳어졌다. 직원은 회사와 상의하고 연락 주겠다고 이야기한 후 한참 만에 나타났다.

"목사님들이 다 함께 서울로 가기는 어렵습니다. 하지만 우리가 몇 분씩 나누어서 어떻게든 서울로 보내 드리겠습니다. 그렇게 해도 괜찮겠습니까?"

우리는 어떻게 하든 내일까지 서울에만 갈 수 있게 해달라고 부탁했다. 이렇게 해서 우리는 각자 흩어져서 서울로 돌아가게 되었다. 항공사 직원이 우리를 모으더니 몇 명씩 이름을 따로 불렀다. 어떤 목사님과 사모님은 다른 나라를 통해서 서울로, 어떤 목사님과 사모님은 항공사가 마련한 숙소에서 주무시고 다음 날 비행기로 서울로 간다고 했다.

이윽고 나와 아내의 이름을 불렀다. 우리는 암스테르담을 거쳐 서울로 가는 비행기를 이용하게 될 것이라고 말했다. 그러면서 항공권을 주었다. 우리는 기다리다 시간에 맞추어 암스테르담으로 가는 비행기에 올랐다. 암스테르담에서는 비행기를 바꿔 타기 위해 5 시간 정도 기다렸다. 우리는 인천으로 가는 비행기를 타기 위해 3등석 라인에 줄을 섰다. 뉴욕에서 LA로, LA에서 서울로 가는 비행기 좌석이 3등석이었기 때문이다.

그런데 공항 직원이 큰 소리로 나와 아내의 이름을 불렀다. 우리는 영문도 모르고 대답했다. 직원은 자신을 따라오라며 앞장섰다. 직원은 우리를 제일 먼저 비행기 안으로 안내하더니 2층으로 데리고 올라갔다. 우리는 영문도 모른 채 따라갔다. 그곳에 가니 바로 앞에 항공기 기장실이 큰 창문으로 보이고 넓은 좌석 몇 개만이 놓여 있었다. 일등석(First Class)이었다. 우리는 깜짝 놀랐다. 가지고 있던 인천행 항공권이 좀 달라 보이기는 했지만 설마 그것이 일등석 표일 줄은 꿈에도 생각 못했다.

그렇게 해서 우리는 항공기 일등석을 타고 서울로 오게 되었다. 별의별 생각이 다 스쳐 갔다. 부끄럽고 부족하기 짝이 없는 나를 하나님께서 이렇게 높여 주시다니! 종으로 팔려간 요셉을 국무총리로 세워 주신 하나님, 가난한 목동의 아들 다윗을 이스라엘의 왕으로 삼으신 하나님, 바벨론의 포로였던 다니엘과 그의 세 친구를 영광스럽게 높여 주신 분은 바로 나의 하나님이셨다.

열여섯에 중학교 졸업장을 들고 눈물을 흘리며 서울로 올라온 나!

동대구역에서 완행열차를 탄 내 손에는 어머니가 들려주신 보따리 하나뿐이었다. 그런 내가 리폼드 신학교 박사 학위증을 손에 들고 비행기 일등석에 앉아 서울로 돌아오다니! 이것은 하나님이 아니고는 그 누구도 할 수 없는 일이었다.

"여호와는 죽이기도 하시고 살리기도 하시며 스올에 내리게도 하시고 거기에서 올리기도 하시는 도다 여호와는 가난하게도 하시고 부하게도 하시며 낮추기도 하시고 높이기도 하시는 도다 가난한 자를 진토에서 일으키시며 빈궁한 자를 거름더미에서 올리사 귀족들과 함께 앉게 하시며 영광의 자리를 차지하게 하시는 도다, 땅의 기둥들은 여호와의 것이라 여호와께서 세계를 그것들 위에 세우셨도다"(삼상 2:6~8).

그 일등석은 우리에게 어울리지 않는 자리처럼 느껴졌다. 승무원들이 우리를 힐끗힐끗 쳐다보는 것 같았다. 맞지 않는 옷을 입은 아이처럼 우리는 그 넓은 의자에 다소곳이 다리를 모으고 앉아 서울로 돌아왔다. 우리같이 초라한 부부가 어떻게 해서 일등석에 앉았는지 그 이유를 아무도 알지 못했을 것이다. 그러나 나와 아내는 '빈궁한 자를 거름더미에 올리사 귀족들과 함께 앉게 하시며 영광의 자리를 차지하게 하신 한량없는 하나님의 은혜'에 감격하며 눈물을 흘렸다. 이 눈물은 서울행 완행열차에서 흘리던 눈물과는 다른 눈물이었다.

어머니,
나의 어머니

어머니는 누구보다 정이 많고 부지런하셨다. 남의 집에 품앗이를 가면 남보다 일찍 밭고랑에 들어가고 남보다 늦게 밭에서 나오시곤 했다. 조금이라도 일을 더 해 주고픈 마음에서였다. 평생을 누구와도 얼굴을 붉히거나 언쟁을 하는 일이 없으셨다. 이것은 동네 사람들이 이구동성으로 하는 말이었다.

어머니는 남편과 자식을 위해 모든 것을 바치셨다. 언젠가 아버지는 어머니에 관해 이런 이야기를 들려주셨다. 6.25 전쟁 중에 한번은 아버지가 늦여름에 휴가를 나오셨다. 그때까지 어머니는 근 일 년간 나물에 좁쌀을 조금씩 넣어 끼니를 때우시며 쌀밥을 먹지 않았다. 남편이 나오면 밥을 해 드리겠다는 생각으로 가을에 타작한 벼는 자루에 담아 장롱 속에 보관하고 손도 대지 않은 것이다.

어머니는 자식 사랑도 남다르셨다. 어린 시절 지금도 잊히지 않는 어머니와의 추억이 있다. 몇 살 때였는지는 기억에 없는데, 아마도 내가 어머니를 속였던지 아니면 무엇을 훔쳤던 모양이었다. 어머니는 새끼줄을 가지고 오셔서 나를 앞에 앉혀 놓고 바른대로 말하지 않으면 내가 네 앞에서 죽겠다고 하셨다. 나는 어머니의 기세에 눌려서 울면서 용서를 빌던 기억이 있다.

또 한 번은 초등학교 저학년 때였던 것 같은데 어머니가 몇 날을 앓아 누우셨다. 어느 날 학교에서 돌아오니 며칠 동안 식사를 하지 못한 어머니는 몹시 창백하고 힘들어 보이셨다. 왠지 불안한 생각이 들었다. 어머니는 나를 부르더니 노트를 가져오라고 하셨다. 왜 그러냐고 물으니 "나는 더는 살 수가 없을 것 같다. 마지막으로 너의 글씨 한번 보고 가야겠다.'며 우셨다. 나는 어머니를 붙들고 죽지 말라며 함께 울었다. 그 애절한 울음 때문이었는지 어머니는 다시 회복되셨다. 가난 속에서도 어머니는 사랑으로, 때로는 강인함으로 자식들을 키우셨다. 어머니는 특별한 종교가 없으셨다. 엄한 유교 풍습의 시댁을 따라 생활하셨다. 어머니가 시집 오셨을 때 우리 집안은 큰집과 작은 집이 함께 옹기종기 모여 살고 있었다. 할아버지와 작은 할아버지들도 한마을에 살았다. 어머니는 시부모님을 모시고 살지는 않았지만 엄한 풍습에 시부모님을 모시는 것처럼 섬기며 생활하셨다.

우리 동네에는 교회가 없었다. 교회는 면 소재지인 도평에 있었는데 그저 특별한 사람들이나 다니는 곳으로 여겼다. 내가 신학교에 입학할 때 부모님은 신학교가 어떤 곳인지 모른 채 그저 아들이 대학에 들어간다고 하니 마냥 좋아하셨다.

나는 신학교에 입학하면서부터 부모님을 전도하기 위해 기도를 시작했다. 교회 청년부 모임에서도 부모님 전도를 기도 제목으로 내놨다. 어느 날 청년부 기도모임 때 이렇게 부탁했다.

"제가 며칠 후 추석 때 시골에 내려가는데 그때 부모님을 모시고 교회에 가려고 합니다. 부모님이 교회에 잘 가실 수 있도록 기도 부탁합니다."

우리는 그날 그 기도 제목을 놓고 정말 뜨겁고 간절하게 기도했다.

그리고 며칠 후 나는 고향으로 내려갔다. 추석 다음 날인 수요일 오후 "오늘 저와 함께 교회에 가보시지 않겠습니까?"하고 조심스럽게 말을 꺼냈다. 그런데 놀랍게도 아버지와 어머니께서 그렇게 하겠다고 하시면서 지난주일에도 교회에 갔다 왔다고 하시는 것이었다. 나는 깜짝 놀라 무슨 일이 있었느냐고 물었다.

추석 며칠 전 도평 교회 목사님이 우리 집에 와서 교회에 나오라고 하면서 이런 말을 했다는 것이었다. 우리 마을에서 유일하게 교회를 다니는 가정이 한 집 있었는데 목사님이 그 가정에 심방을 왔다. 그 집 집사님이 "목사님, 저 아래 유전댁 아들이 서울에서 신학교를 다닌다고 들었는데 목사님이 그 집에 가서 전도 좀 해 주세요" 하고 부탁했다는 것이다. 부모님을 찾아온 목사님은 이렇게 권했다.

"어르신, 제가 듣기로는 아드님이 서울에서 신학교를 다닌다지요? 아드님이 하나님께 복 받고 잘 되려면 부모님이 교회 다니면서 기도해야 합니다."

"부모가 교회 나가면 아들이 잘 돼요?"

"그럼요. 부모가 교회를 다녀야 해요."

"그럼 교회에 나가야지요. 아들이 잘된다면 무엇을 못하겠어요."

어머니는 즉석에서 이렇게 대답하고 그 다음 주일부터 교회에 나가셨다고 한다. 그 이야기를 듣고 도평교회 목사님이 우리 집을 방문한 날짜와 시간을 보니 내가 서울에서 청년들과 함께 부모님을 위해 간절히 기도하던 그 시간이었다. 하나님께서 부모님의 전도를 위해 간절하게 기도하는 청년들의 기도를 들으시고 목사님을 우리 집으로 보내 부모님을 전도하셨다는 것을 알고 나는 하나님의 은혜에 놀라고 감격했다.

"그때에 헤롯 왕이 손을 들어 교회 중에서 몇 사람을 해하려 하여 요한의 형제 야고보를 칼로 죽이니 유대인들이 이 일을 기뻐하는 것을 보고 베드로도 잡으려 할새 무교절 기간이라 잡으매 옥에 가두어 군인 넷씩인 네 패에게 맡겨 지키고 유월절 후에 백성 앞에 끌어내고자 하더라 이에 베드로는 옥에 갇혔고 교회는 그를 위하여 간절히 기도하더라 헤롯이 잡아내려고 하는 그 전날 밤에 베드로가 두 군인 틈에서 두 쇠사슬에 매여 누워 자는데 파수꾼들이 문밖에서 옥을 지키더니 홀연히 주의 사자가 나타나매 옥중에 광채가 빛나며 또 베드로의 옆구리를 쳐 깨워 이르되 급히 일어나라 하니 쇠사슬이 그 손에서 벗어지더라 천사가 이르되 띠를 띠고 신을 신으라 하거늘 베드로가 그대로 하니 천사가 또 이르되 겉옷을 입고 따라오라 한 대

베드로가 나와서 따라갈새 천사가 하는 것이 생시인 줄 알지 못하고 환상을 보는가 하니라 이에 첫째와 둘째 파수를 지나 시내로 통한 쇠문에 이르니 문이 저절로 열리는지라 나와서 한 거리를 지나매 천사가 곧 떠나더라 이에 베드로가 정신이 들어 이르되 내가 이제야 참으로 주께서 그의 천사를 보내어 나를 헤롯의 손과 유대 백성의 모든 기대에서 벗어나게 하신 줄 알겠노라 하여 깨닫고 마가라 하는 요한의 어머니 마리아의 집에 가니 여러 사람이 거기에 모여 기도하고 있더라"(행 12:1~12).

우리 어머니는 이렇게 해서 교회를 나가게 되었다. 그 이후에는 바쁘고 피곤한 농사일을 하면서도 새벽 예배에 나가 아들을 위해 기도하고 예배란 예배는 빠지는 법이 없었다. 어머니는 자식을 위한 일이라면 자기 몸이라도 내놓으실 정도로 헌신적이셨다. 나는 하나님께 받은 은혜와 축복이 한없이 많은 사람이다. 내가 이렇게 큰 은혜와 축복을 받은 가장 큰 원인 중 하나는 어머니의 눈물겨운 기도와 남을 위한 베풂과 심음의 축복임을 나는 굳게 믿고 있다. 혹시 나에게 남을 사랑하는 마음, 따뜻한 마음, 남을 섬기고 배려하는 작은 마음이 있다면 그것은 천사 같은 마음을 가진 어머니로부터 물려받고 배운 것이다. 나에게 가장 아름다운 삶을 보이고 가르쳐 주신 분은 우리 어머니시다.

어머니,
천국에서 다시 만나요

어머니와 아버지는 교회를 다니기 시작하면서부터 교회 모임은 한 번도 빠지지 않았다. 무슨 일이든 어머니의 부지런과 열심은 누구도 따라가지 못할 정도였다. 우리 집에서 몇 달에 한 번씩 구역 모임이 열리면 어머니는 구역 식구들을 대접하기 위해 며칠 전부터 준비했다. 마치 명절을 준비하듯 정성을 기울이셨다. 구역 식구들은 "집사님 정성을 봐서라도 구역 모임에 빠지면 안 되지!"라고 할 정도였다.
어머니는 처음 교회를 다닐 때부터 새벽기도를 나갔다. 그때는 교회 차도 없었고 집에 시계도 없을 때였다. 우리 집에서 도평교회까지는 5리가 족히 넘는 길이었다. 그런데도 어머니는 그 힘든 농사일을 온종일 하시고도 새벽이면 어김없이 시간에 맞춰 일어나 새벽 기도회에 참석하셨다.
"하나님, 자식들 잘 되게 해 주세요. 우리 목사 아들 축복해 주세요."

어떻게 시계도 없이 시간에 맞춰 일어날 수 있느냐고 물으면 "하나님께서 깨워 주신다."고 하셨다. 어떤 날은 너무 일찍 가서 한두 시간씩 기다린 적도 있다고 하셨다. 한참을 기다려도 사람들이 오지 않아 '오늘은 새벽기도가 없나? 혹시 내가 너무 늦게 왔나?' 걱정하고 있으면 그때서야 교인들이 들어와서 새벽 예배를 드린 적도 있다고 하셨다.

이렇게 몸을 돌보지 않고 살아온 어머니는 몸에 병을 짊어지고 사셨다. 어머니는 웬만큼 아파서는 아프다는 말도 하지 않았다. 그런 어머니가 60대 초반이 되자 건강이 많이 안 좋아졌다. 그저 신경통이겠지 생각하며 참고 견뎌오던 허리와 다리가 이제는 진통제를 먹어도 효과가 없었다. 어쩔 수 없이 서울로 모셔다가 큰 병원에서 검사를 받았다. 검사 결과 척추결핵이라는 진단이 나왔다. 결핵균 때문에 척추 뼈가 곪아 온 신경을 누르고 있다는 것이었다.

병원에서는 배 안에 있는 장기를 다 들어낸 다음 곪은 척추 뼈를 깎아 내고 거기에 다른 뼈를 이식하는 대수술을 받아야 한다고 말했다. 그러고도 살 수 있다는 보장도, 완치된다는 보장도 없다고 말했다. 살 수 있다는 보장도 없는 수술, 엄청난 돈이 들어가는 수술, 그 장벽 앞에 아무 말도 못 하고 혼자 누워 있는 어머니의 모습이 너무 불쌍하고 가련했다. 오직 남편과 자식을 위해 한평생을 살아온 어머니…. 온갖 고생을 하며 자식을 키워 놓았는데 자식들에게 효도 한 번 받지 못하고 죽어야 하는 어머니를 생각하니 너무 가엽고 불쌍했다. 나는 하나님께 눈물로 기도했다.

“하나님, 우리 어머니 살려 주세요! 불쌍한 어머니 살려 주세요! 한 번만이라도 효도할 수 있는 기회를 주세요!”

그 기도를 하나님께서 들어 주셨는지 어머니는 성공적으로 수술을 마치고 뼈를 깎는 재활의 노력을 했다. 그리고 20여 년을 더 사는 축복을 받았다. 수술비도 병원의 배려로 큰 어려움 없이 처리되었다. 당시 고생했던 아내와 가족, 또 간호사로 근무했던 처형 김정란, 브라질로 이민 간 처형 김정희의 수고와 도움을 잊을 수 없다. 진심으로 감사드린다. 그 후 어머니는 불편한 몸이지만 농사를 지으며 고향에서 생활하셨다.

어머니가 여든한 살이 되신 어느 날 아버지로부터 전화가 왔다. 힘없는 목소리로 어머니의 상태가 이상하다고 하셨다. 전화를 끊고 바로 아내와 함께 시골로 내려갔다. 직접 보니 생각보다 심각한 모습이었다. 그 자리에서 서울로 모시고 올라와 대학 병원에 입원시켰다. 병원에 입원하러 가는 길에 어머니를 차에 태우고 우리 교회 종교 용지 자리로 갔다. 교회 건물이 들어설 자리에 차를 세우고 구경을 시켜 드렸다.

“어머니, 여기가 늘샘교회 건물이 세워질 땅이에요.”

어머니는 고통도 잊은 채 너무 기뻐하셨다.

“여기가 바로 우리 교회가 지어질 땅이라고? 하나님 감사합니다! 감사합니다!”

어머니는 어린아이처럼 해맑게 웃으시며 좋아하셨다. 어머니는 늘샘교회가 지어질 땅만 마지막으로 보시고 병원에 입원했다. 아버지도 병원으로 올라오셨다. 나와 아내는 거의 매일 어머니 병실을 방문했다. 그러던 어느 토요일이었다. 나와 아내는 가까운 곳에 가서 어머니 점심을 포장해다 드렸다. 이상하게도 어머니는 그 음식을 맛있게 다 잡수셨다. 그때는 그것이 어머니와의 마지막 시간이 될 줄은 생각지도 못했다. 맛있게 식사하는 어머니를 보며 기쁘게 돌아왔다. 다음 날 주일 1, 2부 예배를 마치고 사무실로 막 들어서는 순간이었다. 사무실 전화벨이 요란하게 울렸다. 병원에서 어머니가 이상하다는 연락이 왔다. 저녁 예배를 부목사님에게 맡기고 병원으로 달려갔다. 어머니의 마지막 순간이었다. 어제까지만 해도 자리에 일어나 앉아 우리와 식사도 함께 하셨는데…. 나는 어머니를 안고 울고 또 울었다. 나는 어머니에게 고백했다.

"어머니, 우리를 낳고 잘 키워 주셔서 감사해요! 훗날 천국에서 다시 만나요!"

아내도 울면서 어머니에게 약속했다.

"어머니, 사랑해요! 아버님은 걱정하지 마세요, 제가 잘 모실게요."

동생들 역시 울면서 마지막 인사를 했다.

"엄마 잘 가세요! 천국에서 다시 만나요!"

아버지도 눈물을 흘리시며 평생 함께했던 아내에게 인사했다.

"자네는 참 복도 많네, 잘 가! 나 빨리 데려가!"

이렇게 해서 어머니는 그토록 사랑하던 가족을 떠나 천국으로 가셨다.

어머니의 산소는 일평생 어머니의 눈물과 땀이 배어 있는 마을 뒤 우리 밭에 모셨다. 일하다가 일어서면 동네가 보이고, 우리 집이 보이고, 명절 때 자식들이 오는지 몇 번이고 바라보다 차가 보이면 그렇게 좋았다는 마을 뒷밭이었다. 우리는 도로가 내려다보이는 양지바른 곳에 어머니를 묻어 드렸다. 그리고 산소 앞에 작은 비석을 세웠다.

'일평생 자식을 위해 희생하며 믿음의 선한 길을 가시다 지금은 천국에 계시는 어머니의 은공을 기립니다. (자식 일동 드림)'

나는 지금도 아쉽고 가슴 아픈 몇 가지가 있다. 어머니가 그토록 자식이 섬기는 교회를 위해 기도하셨는데 이렇게 아름답고 좋은 교회 앞자리에 앉아 한 번만이라도 예배를 드렸으면 얼마나 기뻐하셨을까…. 우리 무섭이도 남들처럼 아파트에서 한번 살았으면 얼마나 좋을까하고 기도하셨는데 지금 내가 사는 아파트에서 하룻밤만이라도 함께 주무시고 가셨으면 얼마나 좋아하셨을까…. 우리 아들 남 목사도 남들처럼 승용차 타고 고향 오게 해 주세요 기도하셨다는데 지금 내가 타고 있는 승용차 한 번만 타 보고 가셨으면 얼마나 흐뭇하셨을까….

어머니는 기도만 하셨지 아들이 어머니의 기도로 누리고 있는 것은 한 번도 보지 못하고 돌아가셨다. 그것이 너무 아쉽고 마음 아프다. 그러나 지금 어머니는 삶의 모든 무거운 짐을 벗어 버리고 천국에서 예수님과 함께 우리의 모습을 보면서 기뻐하고 계시리라 굳게 믿는다. 지금도 어머니가 그립고 보고 싶은 마음이 한없이 사무칠 때면 언젠가 천국에서 다시 만날 어머니를 생각한다.

"어머니, 먼 훗날 천국에서 꼭 다시 만나요!"

나는 우리 어머니의 아들로 태어나게 하신 하나님께 감사한다.

제5부

내 인생에 기적을 베푸신 분

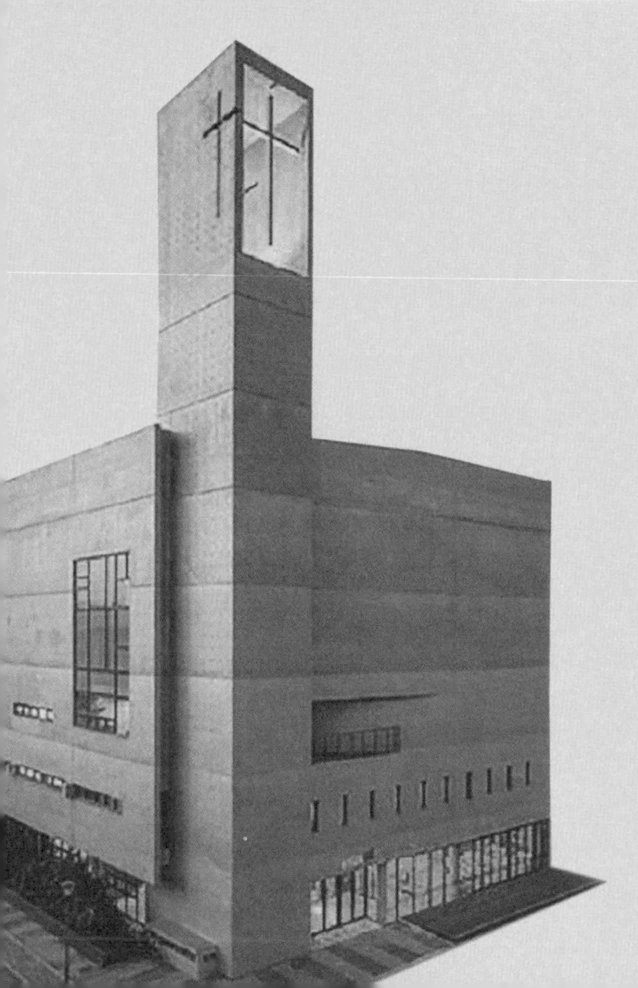

종교부지 당첨

소하 1동에 땅을 매입한 지 십여 년 만에 대단위 택지 개발이 시작되었다. 신도시에 버금가는 규모였다. 수천 가구의 아파트 단지가 들어서면서 교회가 매입해 놓은 땅은 주택공사에 수용되었다. 그 지역에 교회를 지으려면 주택공사로부터 종교 용지 허락을 받아야했다. 주택공사를 몇 번 찾아갔지만 종교 용지는 허락되지 않았다. 나중에 안 사실이지만 우리 교회와 비슷한 목적으로 땅을 사놓은 교회들이 많았다. 혹시 종교 용지를 매입할 수 있는 자격이 있는지 알아봤지만 건물이 없는 교회는 종교 용지를 받을 수가 없다는 대답만 돌아왔다.

그 지역에 종교 용지로 한 곳이 배당되었는데 입찰로 판매하고 입찰 대상은 광명시에 있는 교회든 타지에 있는 교회든 제한이 없다는 소문이 돌았다. 입찰을 하면 큰 교회들이 많이 지원할 것이고 우리

같은 작은 교회는 경쟁이 될 수 없었다. 기대를 접을 수밖에 없었다. 전 성도들이 그곳을 위해 많이 기도해 왔는데 교회를 지을 수가 없다니 마음이 아프고 낙심되었다. 종교 용지에 대한 기대를 포기한 채 몇 달이 흘렀다.

어느 월요일 아침 우연히 교회 서재실로 발걸음이 옮겨졌다. 책상에 앉자 나도 모르게 전화 수화기를 들었다. 114에서 주택공사 전화번호를 알아보고 주택공사에 전화를 걸었다. 광명시 소하지구 담당자를 바꾸어서 "소하지구 종교 용지가 팔렸습니까?"하고 물었다. 그랬더니 담당자는 "아니요, 추첨 분양을 하는데 내일 신청이 끝나면 이번 주 토요일 발표합니다."라고 했다. 나는 깜짝 놀라 "추첨 분양이라고요? 입찰 분양하는 거 아니에요?"하고 물었다.

"아니에요. 추첨으로 분양해요."

그 순간 전율이 밀려왔다.

"신청은 어떻게 해요?"

"주택공사 홈페이지에 들어가 알아보세요."

담당자는 그렇게 말하고 전화를 끊어버렸다. 허겁지겁 주택공사 홈페이지를 찾아 확인해보니 교회든 개인이든 입찰 서류를 갖추고 입찰 금액을 주택공사에 내면 자격이 있다고 되어 있었다. 마감은 내일 오후 5시까지였다. 이튿날 나는 허겁지겁 모든 서류와 입찰금을 준비해 마감 직전 신청했다. 당첨자는 일주일 후 역시 주택공사 홈페이지에 발표한다고 했다. 우리는 그 날 이후 당첨을 위해 하나님께 매달렸다.

드디어 발표일이 되었다. 교회 많은 집사님들은 숨을 죽이고 기다렸다. 인터넷을 여는 순간, 아! 그 많은 교회 가운데 늘샘교회가 당첨되었다. 하나님께서 지금 늘샘교회가 세워진 곳에 종교 용지를 허락해 주신 것이다. 하나님이 아니고는 결코 할 수 없는 일이 일어났다.

지하 교회에서 벗어나기 위해 건물 짓는 현장 사무실을 1년 가까이 쫓아다니며 임대를 부탁했지만 실패하고 마음 아파하고 있을 때 하나님께서 이곳에 땅을 매입하게 해 주셨다. 등기 이전을 할 때는 공동 매입자가 길옆 땅을 등기해야겠다며 떼를 쓸 때 아브라함과 롯의 사건을 생각하며 양보한 그곳에 하나님은 종교 용지를 당첨되게 해주신 것이다. 매입한 땅이 주택공사에 수용되고 종교 용지를 기대했지만 허락이 나지 않아 실망하고 낙심했다. 하지만 하나님은 늘샘교회에 그 땅을 주시기 위해 월요일 교회로 발걸음을 옮기게 하시고, 생각 없이 전화기를 들게 하시고, 주택공사에 전화해서 종교 용지에 대해 알아보게 하시고, 마감 직전 신청하게 하시고, 추첨에 당첨되게 하셔서 늘샘교회에 그 땅을 허락하신 것이다.

이 모든 과정은 하나님께서 우리 늘샘교회를 위해 이미 오래전부터 계획하시고 한 가지, 한 가지씩 이뤄 오신 것이다. 늘샘교회를 향한 하나님의 은혜에 한없이 감사할 뿐이다.

"모든 일을 그의 뜻의 결정대로 일하시는 이의 계획을 따라 우리가 예정을 입어 그 안에서 기업이 되었으니 이는 우리가 그리스도 안에서 전부터 바라던 그의 영광의 찬송이 되게 하려 하심이라"(엡 1:11~12).

아버지가 대통령이라도!

주택공사로부터 당첨된 교회 용지 번지와 개발 예정 지도를 받아 들고 현장을 찾아가 봤다. 지금은 대단위 아파트 단지가 들어섰고 주변에 상가 건물이 즐비하지만, 당시에는 온통 논과 밭뿐이었다. 어디가 어딘지 도무지 감을 잡을 수 없었다. 주변에 있는 건물이라고는 오직 소하 초·중·고등학교뿐이었다. 번지를 보니 학교 가까운 곳이었고, 주변에는 아파트 단지가 들어선다는 노란색 표시, 공원이 들어선다는 녹색 표시, 그 외 상가, 단독주택 단지들이 표시되어 있었다. 아내와 개발 예정 지도를 들고 논둑길을 걸어 교회 용지 주변을 찾아가 서 봤다. 지금은 논밭이지만 주변에 아파트 단지가 들어서고 장차 이곳에 교회가 세워질 것이라고 생각하니 가슴이 벅찼다. 그곳에 서서 하나님께 감사 기도를 하고 주변을 둘러보았다.

교회가 지어질 땅 바로 앞에는 소하 초·중·고등학교가 있었다. 그리고 가까운 곳에 단독주택지와 대단위 아파트 단지가 들어설 예정이었다. 대단위 아파트 단지가 들어설 땅 한가운데 하나님은 늘샘교회 부지를 허락하신 것이다. 아, 아버지가 대통령이라 한들 이렇게 해줄 수 있을까? 하나님이 아니면 세상사람 어느 누구도 우리 교회에 이런 땅을 줄 수는 없을 것이다. 하나님이 주신 땅이었다. 기도 응답으로 하나님이 주신 땅이었다!

"스스로 속이지 말라 하나님은 업신여김을 받지 아니하시나니 사람이 무엇으로 심든지 그대로 거두리라 자기의 육체를 위하여 심는 자는 육체로부터 썩어질 것을 거두고 성령을 위하여 심는 자는 성령으로부터 영생을 거두리라 우리가 선을 행하되 낙심하지 말지니 포기하지 아니하면 때가 이르매 거두리라"(갈 6:7~9).

종교 용지가 당첨되자 성전 건축이 현안으로 다가왔다. 제일 먼저 주택공사에 땅값을 지불해야 건축 승낙서를 받을 수 있었다.

주택공사에 지불해야 할 땅값은 약 32억 정도였다. 계약금과 중도금은 지급해야 할 날짜가 이미 정해져 있었고 잔금을 완납해야 토지 사용 승낙서를 발급 받을 수 있었다. 주변에 아파트가 세워지기 전에 빨리 교회를 건축해서 아파트 입주민들을 전도하고 싶은 생각이 간절했다. 그러기 위해서는 빨리 땅값을 완납해야 했다.

그런데 그때 생각지도 못했던 세계적인 경제 위기가 발생했다. 미국의 4대 은행 중 하나라는 리먼 브러더스가 부도가 났다. 이로 인해 미국뿐 아니라 전 세계에 경제 위기가 닥쳐왔다. 부동산 가격이 폭락하고 모든 은행들은 자금을 회수하는 데 급급했다. 은행 대출은 완전히 묶였다. 계약금은 이미 지급한 상태였다. 어떻게 하든 중도금과 잔금을 치러야 토지 사용 승낙서를 얻을 수 있었다. 마냥 시간을 미루면 계약 해지까지 당할 수 있었다.

하나님께 기도하고 매달리는 방법밖에 없었다. 교회 성도들의 기도와 열심은 눈물 나도록 헌신적이고 처절했다. 그 와중에 성도들의 헌금으로 중도금은 겨우 치를 수 있었다. 잔금을 치르기 위해서는 은행 대출이 필요했다. 대출을 받기 위해 교회 홍보용 책자까지 만들어 담당자를 만나고 지점장을 찾아가 설명하고, 설득하고, 애원해 봤지만 관심을 갖는 은행은 없었다. 그들은 나를 한심하다는 듯 대했다.

시간은 점점 흘러가고 불안했다. 아는 사람으로부터 기업은행 부행장이 장로님이라는 이야기를 들었다. '그래, 부행장님을 찾아가서 부탁해 봐야겠다. 장로님이라면 교회 형편을 이해해 주실 거야!' 이렇게 생각하고 무조건 기업은행 본점을 찾아갔다. 본점 규모에 작은 교회 목사인 나는 자신이 너무 초라하게 느껴졌고 분위기에 압도당했다.

경비 직원에게 "부행장님을 만나러 왔습니다." 하니 "약속을 하셨습니까?"라고 물었다. "약속은 하지 못했습니다."하니 "약속을 하지 않으셨으면 만날 수 없습니다."라며 본체만체했다. 나는 "무조건 부행장님을 꼭 만나야겠습니다."하며 위층으로 올라가겠다고 떼를 썼다. 경비 직원 몇 명이 달려와 나를 제지했다. 그래도 부행장을 꼭 만나야겠다고 버텼더니 직원 한 명이 "도대체 선생님이 누구입니까?"

라고 물었다. 나는 “목사입니다.” 대답했다.

그때 경비 한 명이 부행장실에 연락을 했던 모양이었다. 잠시 후 비서가 내려와 부행장실로 안내했다. 나중에 알고 보니 중요한 회의에 참석하기 위해 기다리고 있는데 어떤 목사가 꼭 만나야겠다고 떼를 쓰니 무슨 일인가 싶어 비서를 내려 보낸 것이다. 나는 부행장을 만나 준비해 간 늘샘교회 자료들을 펴서 보여주며 예의 없이 찾아온 것을 사과했다. 그리고 교회를 개척해서 여기까지 왔고 종교 용지가 당첨되어 중도금까지 치렀는데 잔금을 지급하지 못해 토지 사용 승낙서를 받지 못하고 있다고 설명했다. 이어 “부행장님이 도와주시면 반드시 실망하지 않도록 잘 갚겠습니다.” 하고 간청했다.

부행장은 진심 어린 간청에 마음이 움직였는지 이렇게 말했다.

“과거 지점장을 할 때 함께 있던 직원들 가운데 지금 지점장을 하는 사람들이 많습니다. 그들에게 연락해 놓을 테니 방문하셔서 상의하세요."

그러면서 몇몇 지점장의 전화번호를 주었다. 나는 그들에게 전화를 하고 찾아갔다. 지점장들은 부행장의 부탁이 있었으니 처음에는 잘 대해 주었다. 하지만 내 설명을 들은 다음부터는 "은행에서 교회 대출은 어렵습니다."며 거절해 버렸다. 은행도 법이 있고 규칙이 있는 곳이라 안 되는 것은 대통령이 와도 어쩔 수가 없었다. 돌아 나올 수밖에 없었다. 가는 곳마다 거절을 당하고 돌아 나오는 나의 모습은 초라하기 짝이 없었다. 교회 건축의 꿈은 점점 멀어져만 갔다.

간절하게 두드리면 열린다

성전 건축을 위해 간절하게 기도했다. 성도들은 아침저녁으로 시간을 정해놓고 합심 기도했다. 나와 아내는 새벽 기도와 아침, 밤 9시에 예배당에 나와 함께 기도하며 찬송했다. 물에 빠진 사람이 지푸라기라도 잡는 심정으로 여기저기 대출을 받을 수 있는 곳이 있는지 찾아보았다. 아픈 사람이 열 사람을 만나면 열 가지 약이 있고, 백 사람을 만나면 백 가지 약이 있다고 하던가? 여기저기 말은 많았지만 막상 찾아가보면 말만 그럴듯했지 사탕발림에 불과했다. 점점 지쳐갔다. 잔금을 지급을 못해 계약이 해지될 수 있는 상황이 점점 다가오고 있었다. 불안해져만 갔다.

아, 성전 건축은 할 수 없게 되는 건가? 그런 가운데도 기도하면 마음속에 작은 희망이 생기곤 했다. 지금까지 하나님이 해 오셨는데 하나님께서 도와주시겠지, 무슨 방법이 있겠지!

힘든 하루하루를 보내던 어느 날 목사님 한 분이 나의 딱한 사정 이야기를 듣고 김희득 집사님을 소개시켜 주었다. 과거 부목사로 섬기던 교회의 집사님이셨는데 안산 시화농협 지점장이었다. 정신이 번쩍 들었다. 이튿날 바로 시화농협을 찾아갔다.
나의 이야기를 다 들은 지점장님은 "사정을 잘 알겠습니다. 어떻게 하든 대출할 수 있는 방법을 찾아보겠습니다.' 하셨다. 갑자기 희망과 용기가 생겼다. 김희득 지점장님의 도움으로 농협 대출 담당자가 요구하는 서류들을 준비하기 시작했다. 담당자는 지점장이 부탁하니 거절할 수는 없지만 몹시 못마땅한 모양이었다. 필요한 서류를 요구하면서 나에게 "목사님, 대출 못 받으실 각오를 하셔야 합니다. 이 대출은 어렵습니다."라고 한마디씩 했다. 나는 그때마다 가슴이 철렁했다.
나는 대출 담당자가 요구하는 서류들을 열심히 준비했다. 하지만 담당자는 "이게 틀렸습니다. 다시 해오세요. 다른 걸로 해오세요"하며 몹시 까다롭고 힘들게 굴었다. 당연히 필요한 서류였겠지만 얼마나 까다롭고 힘든지 마치 대출해 줄 수 없는 핑계거리를 찾는 것처럼 느껴졌다. 그때마다 나는 변명하지 않고 "예, 알겠습니다. 미안합니다. 다시 해오겠습니다. 감사합니다."라고 하면서 서류를 다시 준비해갔다. 시화농협을 갈 때마다 나는 아내와 함께 차를 타고 갔다. 아내는 내가 담당자를 만나는 동안 차 안에서 기도했다. 그러다 내가 돌아오면 내 표정을 살펴보곤 했다. 내가 창백한 얼굴로 어깨가 축 처진 채 돌아오면 아내 역시 창백해졌다. 우리는 한동안 아무 말 없이 차를 타고 돌아오곤 했다. 우리는 열 번 이상 시화농협을 찾아가야 했다.

마침내 모든 대출 서류가 마무리 되었다. 농협 이사회에서 결정이 나면 대출을 받게 된다는 연락을 받았다. 우리는 하루하루 마음 조이며 기다렸다. 그러던 어느 날 시화농협에서 전화가 왔다.

"목사님 축하합니다! 대출 허가가 났습니다!"

감격했다. 그동안 고생한 것이 모두 사라졌다. 하나님께 감사했다.

나는 시화농협으로 달려가서 바로 은행 이체로 주택공사에 잔금을 납부했다. 그리고 주택공사에 가서 토지 사용 승낙서를 받아 집으로 돌아왔다. 토지 사용 승낙서가 든 노란 봉투를 나는 차에 두고 아무 일 없었던 것처럼 아내에게 말하지 않았다.

이튿날 나는 아내에게 친구 목사가 놀러 오라고 연락이 왔다며 함께 다녀오자고 말했다. 그러고는 무작정 고속도로로 들어섰다. 나는 아내에게 노란 봉투를 꺼내 주면서 뭔지 한번 보라고 하였다. 아내는 어리둥절해 하면서 서류를 꺼내 보았다. 아내는 감격해서 눈물을 흘렸다. 아내는 봉투를 가슴에 안고, 나는 운전을 하면서 그동안 힘들 때마다 흥얼거리던 노래를 함께 불렀다.

when I am down oh my soul so weary

when I troubles come and my heart burdened be

than I am still and wait here and in silence

until you come and sit a while with me
you raise me up so I can stand on mountains
you raise me up to walk on stormy seas
I am strong when I am on your shoulders
you raise me up to more than I can be

내 영혼 지치고 피곤할 때에, 근심 걱정 내 맘 짓누를 때
난 잠잠히 주님을 기다리네, 주님 내 곁에 오실 때까지
주 날 일으켜 산 위에 세우시네, 거친 바다 위 걷게 하시네
주만 의지할 때 강함 주시네, 크신 능력 내게 부어 주시네.

우리는 눈물을 흘리며 이 노래를 부르고 또 불렀다.
"구하라 그리하면 너희에게 주실 것이요 찾으라 그리하면 찾아낼 것이요 문을 두드리라 그리하면 너희에게 열릴 것이니 구하는 이마다 받을 것이요 찾는 이는 찾아낼 것이요 두드리는 이에게는 열릴 것이니라"(마 7:7~8).
하나님은 우리를 가장 약한 자리에 내려놓으시고 오직 주님만 바라보게 하시고 주님만 의지하게 하셨다. 그리고는 보란 듯이 문제를 해결해 주셨다.
김희득 지점장님은 대출이 마감되기 전에 다른 지점으로 전출을 가셨다. 나는 너무 고마워서 김희득 지점장님 사무실을 찾아가 감사

인사를 드렸다. 김 지점장님은 이렇게 말했다.

"목사님 참 이상해요. 다른 교회 같았으면 그 대출 벌써 포기했을 거예요. 그런데 이상하게도 목사님 교회는 꼭 대출을 해 드려야겠다는 생각이 떠나질 않았어요. 어떻게 하면 대출을 해드릴 수 있을까? 자다가 벌떡 일어나서 생각하고…. 그때마다 아이디어가 떠올라서 합법적으로 대출을 해 드릴 수 있었어요. 하나님께서 도와주신 것 같아요."

그 말을 들으니 하나님의 은혜에 너무 감사하고 감사했다. 대출을 받기까지 가슴 아픈 사건이 있었지만 그 이야기는 하나님 앞에 갈 때까지 마음속에 담아 놓겠다. 하나님은 그 아픔을 천 배, 만 배로 위로해 주셨고 보상해 주셨기 때문이다.

간절함에는 결과가 있다

오래전 미국의 한 설문 기관에서 성공한 기업인들과 경영대학에 재학 중인 우수 학생들을 대상으로 조사를 시행한 적이 있다. 질문은 '성공에 가장 도움이 되는 것은 무엇인가?'였다. 조사 결과 1위는 학벌도 아니고, 능력도 아니고, 빽도 아니었다. 바로 열정이었다. 열정이 있으면 성공할 가능성이 크다는 것이다.

프랭크 베트거라는 사람은 한때 야구 선수를 하다가 이렇다 할 성적을 내지 못하자 그만 소속된 팀에서 방출 당했다. 그는 충격과 실의에 빠져 아무것도 할 수 없었다. 그는 존경하는 교수님을 찾아가 상담했다. 교수님은 그를 향해 이렇게 이야기했다.

"내가 보기에 자네는 자신이 하는 일에 아무 열정이 없는데 어떻게 잘할 수 있겠나?"

정곡을 찌르는 충고에 그는 자신을 바꾸기로 마음먹었다. 영업직이 된 그는 하루하루의 생활을 열정으로 불태우기로 했다. 고객과 대면할 때는 항상 미소와 친절을 잃지 않았다. 어떤 상황에서도 낙심하지 않고 이를 악물고 열심히 뛰었다. 거부당하고 욕을 먹고 쫓겨나도 한결 같았다. 그 결과 마침내 그는 세계적으로 유명한 세일즈 대가가 되었다. 열심과 열정이 그의 삶 전체를 바꾸어 놓았다.

열심과 열정은 간절함 속에서 나온다. 이것은 누구에게나 적용되는 것이다. 예수님에게 칭찬 받았던 믿음 가운데 하나가 간절함이었다. 대표적인 사람들이 중풍 병자의 네 명의 친구들, 수로보니게 여인, 소경 거지 바디메오였다. 이들이 예수님을 감동시킨 무기는 간절함이었다.

나는 부족한 게 많아서 무엇이든 열심과 열정을 가지고 하려 했다. 처음 서울로 올라와 공부하겠다고 정릉 친척 집에서 나올 때 아저씨가 한 말이 생각난다.

"무섭아, 너는 다른 사람이 여덟 시간 일하면 열 시간 일하고, 다른 사람이 일곱 시간을 자면 다섯 시간 자고, 다른 사람이 이천 원짜리 점심 먹으면 천 원짜리 점심을 먹어라. 그러면 성공할 수 있다."

나는 그때 무엇이든 열심히 일하고 노력하자고 다짐했다. 나는 특별한 재능이 아무것도 없었다. 학벌이나 기댈만한 빽도 없었다. 무엇이든 남보다 열심히 하는 것 외에는 할 것이 없었다. 살아남기 위해서는 진실하게 간절한 마음으로 살아야 했다. 간절함 속에서 열심과 열정이 나오고, 간절함 속에 길이 있고, 간절함 속에서 문이 열리고, 간절함 속에는 반드시 결과가 있다.

코마건축 이은석 교수와 이공 건설

교회 건축을 위해 가장 먼저 해야 할 일은 설계 작업이었다. 설계는 중요한 과정이었다. 설계는 밖으로 나타나는 외형뿐 아니라 속에 있는 내용, 환경, 공간 활용, 공간 배치 등 담임목사의 목회 비전과 철학이 스며있기 때문이다. 그래서 집사님 한 분에게 우리나라에서 교회 설계로 가장 유명한 회사 다섯 곳만 찾아봐 달라고 부탁했다.
나는 그 다섯 곳을 일일이 찾아가서 대표자와 대화를 나누고 그곳에서 설계해 지은 교회 사진들을 보거나 직접 찾아가기도 건축한 교회들이 모두 아름답고 훌륭했다. 그 가운데 코마건축 이은석 교수님을 만나게 되었다. 이은석 교수님과 교회 건축에 관해 대화를 나누었는데 인상적이었다. 그분의 인품, 교회 건축에 대한 이해와 건축 철학이 내 마음에 강한 감동을 주었다.
“목사님, 교회를 너무 화려하고 요란하게 지을 생각을 하지 마세요.

성인들 예배드리는 본당 중심의 교회보다는 다음 세대, 젊은이들을 위한 교육관과 교인들이 교제를 나눌 수 있는 소그룹실을 더 중요하게 생각하세요."

말씀을 듣고 나누는 가운데 그동안 꿈꾸어 오던 교회의 모습과 너무 비슷했고 마음이 통한다는 느낌이 들었다. 늘샘교회는 제자훈련을 하는 교회이다. 개척을 시작한 지 3년째 되는 해부터 제자훈련 목회를 해왔다. 평신도를 훈련시켜 예수님을 배우고 닮게 하고 작은 예수가 되어 진정한 그리스도인의 생활과 삶을 교회에서 실천하고 구현하게 하는 것이 내 목표였다. 그들이 세상에 나가 세상 속에서 그리스도인으로서의 선한 영향력을 끼치고 하나님 나라를 확장시켜 나가는 것이 교회의 역할이며 사명이라고 생각하고 있었다. 그러기 위해서는 교육관이 중요하고 성도들이 함께 모여 삶을 나누고 교제하는 소그룹실이 중요하다고 생각했다.

나는 이은석 교수님을 우리 교회에 초청해서 성도들에게 교회 건축에 관해 설명할 기회를 드렸다. 그리고 전 성도들이 같은 마음으로 건축 설계를 그분께 맡기기로 결정했다. 이은석 교수님은 나의 목회 비전과 철학을 이해하고 기쁜 마음으로 설계를 하셨다. 교회 공사를 할 때도 시간만 나면 찾아와서 관심을 갖고 확인하며 도와주셨다. 그 덕택으로 우리 늘샘교회는 그해 전국 교회 건축 은상을 받았고 경기도에서 뽑는 건축 장려상을 받기도 했다.

설계가 완성되어갈 즈음 건설 회사를 선정하기 위해 기도했다. 건설

회사 선정은 정말 중요한 일이었다. 건축 중에 교회와 건설 회사가 갈등을 빚거나 건축비 추가 문제로 다투는 일이 비일비재했다. 간혹 건설사가 부도를 당하면 교회가 큰 시험에 빠진다는 이야기도 많이 들었다. 건설사 선정을 위해 교회도 기도하고 나 또한 기도하며 애썼다.

사실 그때 내 마음속에는 생각하는 사람이 있었다. 건설업을 하셨는데 내가 교회를 개척할 때와 지하에서 지상으로 옮겨 올 때 늘샘교회를 위해 많이 섬기고 헌신한 분이었다. 나는 이분에게 사랑의 빚을 크게 지고 있었다. 그래서 언젠가 교회를 건축하면 이분에게 맡겨야지 생각하고 있었다.

하지만 이은석 교수님은 건설사의 공사 실적과 재무, 기술 능력 등을 평가해 보더니 난색을 표했다. 교수님을 만나 설득도 해보고 편지도 보내 보았다. 그래도 교수님은 "목사님, 저는 건설사 선정에는 개입하고 싶지 않습니다. 그러나 교회 건축은 할 수 있는 회사가 해야 합니다. 교회를 건축하는데 개인적인 감정을 가지면 안 됩니다."라며 단호했다.

결국 다른 건설사를 선정했다. 훗날 건축이 끝나고 그 권사님과 대화를 나눌 기회가 있어 그간의 사정 이야기를 했다.

"권사님, 저는 권사님에게 사랑의 빚을 많이 져서 교회 건축을 권사님에게 맡기고 싶었지만 여러 사정으로 그렇게 못했습니다. 정말 미안했습니다."

그러자 권사님은 이렇게 대답했다.

"목사님, 저도 처음에는 매우 섭섭했습니다. 그러나 그것은 하나님의 뜻입니다. 저희가 욕심이 있어서 맡고 싶었지만 감당하기가 쉽지 않았습니다. 우리가 맡았으면 건축 과정에서 많은 어려움이 있었을지도 모릅니다. 목사님, 하나님께 감사해야 합니다."

그 말씀을 들으니 너무 감사했다. 그것조차도 하나님이 하신 줄로 믿고 감사드렸다.

건설사 선정도 설계 회사를 선정할 때처럼 5곳을 선정하고 한 곳, 한 곳 줄여나갔다. 결국 마지막으로 남은 곳이 이공종합건설이었다. 이공건설은 교회를 많이 건축한 회사이고 구정회 회장님은 믿음이 참 좋은 분으로 솔직하고 소탈했다. 나는 회장님과 몇 번 만나 대화를 나누면서 그분을 전적으로 믿기로 마음먹었다. 구 회장님은

"목사님께서 저희를 이렇게 전적으로 믿어주시니 더욱 부담되고 책임감이 느껴집니다. 서울 이남에 우리 회사가 지은 모델이 될 만한 교회가 없었는데 늘샘교회를 그렇게 짓겠습니다.'라고 말씀하셨다.

교회 건축과 모닝커피 배달

교회 건축을 위한 모든 준비가 은혜 가운데 마무리가 되었다. 주택공사로부터 토지 사용 승낙서를 받았고, 코마건축 이은석 교수님을 통해 설계가 완성되었다. 또 교회 건축으로 이름난 이공건설을 통해 세부 계획과 착공 일시, 방법, 그리고 착공 예배에 대한 계획이 마무리되었다. 2010년 5월 마지막 주 오후 전 성도들이 현장에 와서 착공 예배를 드렸다. 예배 후 담임 목사가 첫 삽을 뜨면서 교회 건축이 시작되었다.

다음 날부터 굴착기가 굉음을 내며 움직이기 시작했다. 인부들이 분주하게 움직였다. 건축 현장은 요란하고 활기찼다. 교우들이 설레임과 기대감을 갖고 현장을 찾아와 기도하며 구경하곤 했다. 하루가 다르게 지하 공간이 넓어져 갔다. 생각보다 넓고 깊은 지하의 모습에 우리 교회가 이렇게 큰가 하는 생각에 마음이 설레였다. 현장 소장은 "지하실을 파는데 생각보다 물이 많이 안 나와서 공사가 어렵지 않게 진행되고 있습니다. 지하실 공사 작업이 건축의 반을 차지합니다. 지하실 작업만 끝나면 금방 달라집니다."라며 좋아했다.
지하 공사가 끝나자 지상으로 조금씩 조금씩 공사의 규모가 드러나기 시작했다. 1층을 세우기 위해 철근 공사가 이루어지고 곧 1층 천장이 씌워졌다. 나와 아내는 너무 신기하고 감격스러워 밤에도 찾아와 철근이 가득 세워져 있는 사이 사이를 손으로 더듬으며 기도했다. 잘못해서 못에 발이 찔리거나 철근에 머리를 부딪치기도 했지만 그저 즐거워했다. 공사는 순조롭게 진행되었다. 2층, 3층, 마지막 4층까지 한 층씩 올라가는 교회 건물을 보면서 우리 늘샘 성도들은 내 집이 지어지는 것처럼 기뻐하고 즐거워했다.
한층 한층 교회 건물이 올라가는 모습이 너무 신기하고 즐거워서 나는 하루에도 몇 번씩 교회 앞 6단지 아파트 계단에 올라가 구경하며 사진을 찍었다. 나와 우리 늘샘 교우들 그리고 이공건설 구정회 사장님, 현장 소장님, 일하시는 모든 분이 하나가 되어 교회 건축은 큰 어려움 없이 진행되었다.
교회 공사가 시작되면서 끝날 때까지 나와 교우들이 하루도 빠지지 않고 한 일이 있다. 우리는 아침 9시면 교회에 모여 기도하고 인부들을 위해 커피 봉사를 했다. 어떤 교우들은 그보다 더 일찍 나와 인부들에게 대접할 커피와 간식을 준비했다. 모두 기쁘고 즐거운 마음으로 준비했다. 여름에는 아이스커피, 추울 때는 따뜻한 커피를 끓여 인부

한 명, 한 명을 찾아다니며 커피를 드렸다. 때로는 간식을 준비해 대접하기도 했다. 비가 오나 눈이 오나 하루도 빠지지 않았다. 인부는 20~30명에 달했다. 하지만 우리는 일하는 사람이 많으면 많을수록 신이 났다. 커피를 주면서 "안녕하세요? 수고가 많으십니다. 잘 부탁드립니다."라고 인사했다. 매일 인부들을 만나고 함께 커피를 마시자 모두 익숙하고 가까운 사이가 되었다. 인부들은 나를 만나면 "목사님, 이 시간이 기다려져요. 커피를 마시고 나면 기분이 좋아 일이 훨씬 더 잘 되고 피곤한 줄도 몰라요."라고 말했다. 어떤 인부는 이런 이야기도 했다.

"목사님 제가 지금까지 많은 교회 건축 현장에서 일했지만 여기 교회처럼 이렇게 해 주는 교회는 본 적이 없습니다. 너무 감사합니다."

진심에서 우러난 인사였다. 우리는 만날 때마다 인사하고 농담도 주고받는 관계가 되었다. 인부들은 내 일처럼 정성을 다해 주었다. 마침내 공사가 거의 마무리 되었다. 인부들 중에는 "목사님, 저희는 오늘 작업이 끝납니다." 혹은 "내일 작업이 끝납니다."라며 섭섭해 하는 분들도 있었다. 그러면 나는 그분들과 악수하거나 안아 주면서 수고했다고, 고마웠다고 인사하곤 했다. 지금도 그때 땀 흘리며 수고했던 인부들이 생각난다. 지금처럼 교회 재정이 여유가 있으면 맛있는 음식이라도 대접해 드릴 수 있을 텐데 그럴 기회가 없어 아쉽고 미안하다. 이 자리를 빌려 늘샘교회 건축에 수고하신 모든 분께 진심으로 감사드린다.

드디어 완공!

교회 공사는 막바지에 이르렀다. 어느 날 구정회 사장님이 웃으면서 "목사님, 며칠 후 옥상 공사가 마무리됩니다. 그때는 교회에서 인부들에게 떡과 고기를 대접해야 합니다."라고 말했다. 나는 너무 기뻐서 "네, 교회에서 맛있는 점심을 대접하고 잔치를 열겠습니다." 라고 대답했다.

마침내 공사가 마무리되었다. 성도들과 인부들이 하나가 되어 옥상에서 즐거운 잔치를 열었다. 우리는 정성을 다해 음식을 준비해서 그동안 수고한 인부들을 대접했다. 마지막까지 남아있던 인부들, 자신들 분야의 일이 마무리되어 다른 곳에 가서 일하는 분들, 집에서 쉬고 있는 분들, 교회 건축을 위해 수고한 모든 분들을 초청하여 잔치를 벌였다.

인부 가운데 교회를 다니는 이들은 "늘샘교회는 정말 하나님께서 복을 주신 것 같습니다. 이렇게 은혜롭게 건축이 쉽게 되는 것은 처음인 것 같습니다."라고 이야기했다. 어떤 이는 매일같이 커피를 대접해 준 교회는 처음 봤다고 했고, 어떤 이는 성도들이 너무 친절하고 대접을 잘 해 주어서 고마웠다는 이야기로 이야기꽃을 피웠다. 이렇게 늘샘교회 건축은 하나님의 은혜로 마무리가 되었다.

1년의 건축 공사 기간은 마치 즐거운 여행을 다녀온 것 같은 기분이었다. 비가 오면 비가 오는 대로, 눈이 오면 눈이 오는 대로 즐거웠다. 건축을 시작해서 마치는 동안 주변에서 단 한 건의 민원도 제기되지 않았다. 작은 안전사고도 일어나지 않았고 공사비도 조금도 추가되지 않았다. 공사는 정해진 기간 내에 은혜롭게 마무리 되었다. 건물이 완공되어 가면서 해야 할 일들이 너무 많아졌다. 본당 의자와 강대상, 각 교육관 의자와 강대상, 주방과 식당 시설, 각 소그룹실 의자와 시설, 카페 시설, 전기, 음향 등등 해야 할 일들이 산더미 같았다. 그러나 모든 것들을 어려움 없이 해결해 나갔다.

무엇보다 중요한 것은 준공 허가였다. 준공 허가를 받아야 성도들이 새로운 교회에서 예배를 드릴 수 있었다. 준공 허가를 받는 일은 생각보다 까다롭고 어려웠다. 설계대로 지어졌는지, 위반사항은 없는지 점검하고, 일부 시정 사항이 있었다. 그러나 건축 회사가 사명감을 가지고 성실하게 건축을 해서인지 큰 문제없이 며칠 만에 준공 허가가 나왔다.

사실 성전 건축이라는 것이 그렇게 쉬운 일인가? 밝은 면만 소개해서 그렇지 어렵고 힘든 일들이 왜 없었겠는가? 성전을 건축하면서 이런저런 이유로 교회를 떠난 교우들, 성전 건축을 둘러싼 여러 가지 유언비어, 건축을 위한 허가 과정, 중간 중간 건축과정 속에 나타난 방해요소들, 중도금을 제때 지불하기 위한 처절한 몸부림, 건축 준공 허가 과정, 이 모든 것들이 험난하기 그지없었다. 때로는 갈릴리 바다를 지나던 제자들같이 "아, 이제 죽었구나!"하며 절망할 때도 있었다. 그러나 그때마다 하나님의 도우심과 인도하심, 우리 주님의 찾아오심과 해결해 주심을 경험했다. 늘샘교회는 오직 하나님의 은혜로 지어졌다. 그래서 주님 오실 때까지 교회로서의 사명을 감당하는 교회가 되기를 기도한다.

목사님,
왜 거짓말을 하셨습니까?

교회 준공 허가를 받고 나면 가장 먼저 해야 할 일이 건축비 잔금을 지불하는 일이다. 준공된 건물을 담보로 은행에서 대출을 받아야 한다. 하지만 은행에서 대출을 받기는 여간 어려운 일이 아니다. 더욱이 대부분의 은행에서는 교회 대출을 금지하고 있다. 교회는 구성원이 다양하고 복잡한 상황이 많기 때문이 아닐까 생각한다.
우리 교회가 준공되었을 때 일반 은행은 아예 교회 대출을 금하고 있었다. 다만 수협에서 아주 선별해서 교회 대출을 해 준다고 알려져 있었다. 그래서 나는 수협 여기저기를 알아보고 있었다. 교회가 대출을 받아야 잔금을 지불할 수 있으니 건설사도 걱정이 많아서 대출을 잘 받을 수 있도록 조언을 아끼지 않았다. 건설사는 교회 재정 상태가 우수해야 대출이 쉽고 또 좋은 조건으로 대출을 받을 수 있다고 충고했다. 그러니 서류에 교인 수도 좀 많게 기록하고 헌금 액수도 많게 기록해서 제출하라고 조언했다.
사실 우리 교회는 교인이 많거나 헌금이 많이 모이는 교회는 아니었다. 그래서 걱정이 되었다. 대출 받아야 하는 돈이 적은 액수가 아닌데 우리 교회의 재정 상태로 그만큼의 돈을 대출해 줄지 자신이 없었다. 고민하다 대출 서류에 교인 숫자와 헌금 수입을 부풀려 적었다. 그리고 지난 3년간의 출석 교인과 헌금 액수도 부풀려 장부를 만들었다.
며칠 후 수협에서 서류 검토가 끝났다면서 현장 실사를 나오겠다고 통보가 왔다. 가슴이 두근거리며 걱정이 되었다. 혹시 교인 출석 명부와 재정 장부를 보자고 하면 어떻게 하나 하는 불안이었다. 약속된 날 담당 과장과 직원 두 명이 교회를 방문했다. 교회를 살펴보고 사무실에 와서는 서류들을 한 장씩 검토했다.
이것저것 질문을 하던 담당 과장이 "목사님, 지난 3년 동안 교인 출석부와 헌금 상황 서류를 좀 볼 수 있습니까?"하고 물었다. 나는 불안하고 두려운 마음으로 거짓으로 만들어놓은 자료를 가져다주었다.
서류를 넘겨보던 담당 과장이 "목사님, 며칠 내로 지난 3년 헌금 지출 명세서를 제출해 주세요."라고 말했다. 가슴이 철렁 내려앉았다. 올 것이 왔다 싶었다. 수입 헌금이야 부풀려 기록할 수 있지만 지출 자료는 어떻게 만들 수 있겠는가? 수협 직원들이 돌아간 후 나는 멍하니 앉아 있었다. 이 일을 어떻게 해야 하나? 하나님께 기도할 수밖에 없었다.
후회와 회한이 가슴 깊이 밀려왔다. 대출을 받지 못할지언정 거짓말은 하지 말았어야 했다. 다급한 마음에 목사인 내가 이렇게 거짓으로 서류를 만들었으니 너무 괴로웠다. 고민하다가 결국 지점장에게 메일을 보냈다.

"지점장님, 꼭 대출을 받아야 한다는 조바심 때문에 서류를 거짓으로 부풀려서 기록했습니다. 용서해 주십시오"

며칠 후 지점장에게서 전화가 왔다. 가슴이 뛰고 얼굴이 화끈거려 전화를 받을 수가 없었다.

"죄송합니다!"

"목사님, 왜 거짓말을 하셨습니까? 목사님 교회는 정직하게 기록했어도 얼마든지 대출을 받을 수 있는 교회였습니다. 목사님께서 이렇게 거짓으로 서류를 만들었기 때문에 이사회에서 대출 불가 결정을 내렸습니다. 이해하십시오"

할 말이 없었다.

"예, 알겠습니다. 죄송합니다."

나는 그렇게 말하고 힘없이 전화를 끊었다. 이 일로 나는 앞으로 어떤 일이 있어도 절대로 거짓말은 하지 않겠다고 다짐하고 또 다짐했다. 수협에서 부끄러운 경험을 한 후 나는 농협에서 더 좋은 조건으로 대출을 받을 수 있었다. 하나님의 은혜였다.

술을 마시고 찾아온 건축 노동자들

그렇게 건축 잔금을 치르고 전 성도들이 기쁜 마음으로 전도하면서 교회가 부흥되어가고 있던 어느 날이었다. 서재 밖에서 웅성대는 소리가 나더니 누군가가 요란하게 문을 두드렸다. 나가보니 허름한 작업복을 입은 인부들이었다. 자세히 보니 우리 교회를 건축할 때 일용직으로 노동하신 분들이었다. 벌써 술을 한 잔씩 하고 온 얼굴들이었다.

나는 그분들을 알아보고 마치 오랜만에 만난 친구처럼 반갑게 끌어안았다. 서재로 모시고 들어와 커피를 끓여 대접했다. 그러면서 그동안 어떻게 지냈느냐, 여러분이 수고를 많이 해 주셔서 우리 교회가 이렇게 아름답게 건축되었다, 너무 고마웠다고 인사했다. 이야기를 나누면서 경직되었던 그분들의 얼굴이 서서히 풀려갔다. 그 중 한 분이 나를 찾아온 이유를 말했다.

"목사님, 사실 우리가 여기 온 이유는 여기서 일한 품값을 받지 못했기 때문입니다. 도급 책임자는 건설사가 결재를 해주지 않아 못 준다고 합니다. 그래서 우리가 교회에 와서 소란을 피우면 목사님이 건설사에 이야기할 것이고 그러면 우리가 돈을 받을 수 있을 것 같아 이렇게 온 것입니다."

나는 속으로 '이공건축은 그럴 회사가 아닌데…?' 하면서도 "
알겠습니다. 제가 꼭 말씀드리겠습니다."라고 안심을 시켰다.

그리고 함께 가까운 곳에 가서 점심을 먹으며 건축할 때 있었던 일로 이야기꽃을 피웠다. 그때 그 중 나이 드신 한 분이 이렇게 말했다.

"목사님, 사실 우리는 목사님에게 행패를 부리고 난동을 피우기 위해 왔습니다. 생각해 보십시오. 우리는 하루 벌어서 하루 먹고 사는 사람들입니다. 그런데 일한 품삯을 받지 못했다고 생각해 보세요. 우리는 그 모든 책임이 목사님에게 있다고 생각했습니다. 그래서 목사님에게 행패를 부리려고 술까지 한 잔하고 찾아왔는데 목사님 얼굴을 보는 순간, 또 목사님이 우리를 끌어안고 반가워하는 순간, 갑자기 그럴 마음이 사라져 버렸습니다. 그리고 우리가 여기서 일할 때 목사님과 성도들이 매일 아침 끓여주던 커피가 생각났습니다. 목사님, 우리를 용서해 주세요!"

나는 마음이 울컥했다.

"알겠습니다. 고맙습니다. 제가 꼭 말씀드리겠습니다!"

식사를 마치고 교회로 돌아와 한 분씩 봉투를 드렸다. 작은 액수지만 집에 과일이라도 꼭 사들고 가시라고 부탁했다. 그리고 이공건축 사장님에게 전화를 했다.

"목사님, 무슨 소리세요? 우리는 벌써 돈을 다 지불했습니다. 아마 도급업체에서 돈을 주지 않은 모양입니다. 우리가 전화해서 해결할 테니 걱정하지 마세요."

그 이후 그분들로부터는 아무런 소식이 없었다. 아마도 문제가 잘 해결된 모양이었다.

부흥하는 교회

늘샘교회 건축은 전적으로 하나님의 은혜로 이루어졌다. 상상하기 힘든 많은 어려움이 있었고 그 과정에서 우리 교회 성도들이 보여준 정성과 노력은 눈물겨운 것이었다. 나는 성전 건축을 하면서 분명히 보고 경험한 것이 하나 있다. 바로 '하나님의 교회는 하나님이 친히 하신다'는 것이다.

교회 건축을 위해 눈물과 땀으로 헌신한 고마운 성도들을 잊을 수가 없다. 아이를 비롯해 전 교인이 건축 헌금에 동참했다. 건축 헌금을 위해 아르바이트를 시작한 집사님, 기존의 보험금을 다 해약해 들고 오신 집사님, 집에 있던 패물들을 다 팔아 들고 오신 집사님…, 성도들이 교회 건축 과정에서 보여준 모습들은 그야말로 초대교회를 연상시키는 한 편의 감동 드라마였다. 아마도 그분들을 다 소개하려면 책을 한 권 더 써야 할 것이다. 눈물겹게 섬기고 헌신해 준 우리 늘샘 가족들에게 다시 한 번 감사드린다. 늘샘 성도들은 담임목사의 자랑이며, 축복이며, 보람이며, 면류관이다. 나는 하늘나라에 가서도 하나님께 내놓고 자랑할 것이 우리 성도들밖에 없다.

마지막으로 어려운 형편의 교회가 감당할 수 있는 조건으로 건축을 해 주시고 끝까지 잘 마무리해 준 이공건설과 관계자 그리고 근로자 모든 분께 진심으로 감사드린다. 늘샘교회 건축을 위해 눈물과 땀으로 헌신한 모든 분들에게 영원한 축복을 기도한다.

교회가 준공되고 모든 행정적인 절차들이 마무리되었다. 이제 교회가 할 일은 기도하며 전도하는 것뿐이었다. 우리 교우들 가운데는 지하 개척교회에서부터 함께 신앙생활 해 오신 분들이 많다. 그동안 습기 차고 냄새 나는 지하에서 예배를 드리다 신축된 넓고 쾌적한 본당, 교육관, 소그룹실, 영·유아실, 유치부실, 주방과 식당, 친교실, 주차 공간을 이용하니 그저 감사할 뿐이었다. 이 모든 것이 하나님의 은혜이며 선물이었다.

하지만 우리는 여기에 안주하고 만족할 수 없었다. 전 성도가 전도를 위해 기도하고 삶 속에서 전도하려고 노력했다. 매주 화요일을 전도의 날로 정하고 팀을 만들어 주변 아파트 전도에 나섰다. 전도팀은 새로 입주하는 주민들에게 수건, 수세미, 시원한 냉수 등을 준비해서 나누어 주고 청소 봉사도 적극적으로 했다.

이렇게 하니 주변에 교회 소문이 났다. 매주 많은 새 가족이 등록하고 등록한 새 가족은 또 다른 새 가족을 데려와 등록했다. 매주 출석

교인의 수가 눈에 띄게 달라졌다. 교회는 영적으로 뜨거웠고 덩달아 교인들도 신이 났다.

교회는 새 가족을 위해 섬기는 간사들을 세웠다. 이들은 새 가족이 교회에 잘 정착할 수 있도록 멘토의 역할을 했다. 또 성경공부팀을 만들어 새 가족들이 함께 성경 공부를 하면서 서로 가까워질 수 있도록 했다. 성경 공부를 마친 새 가족은 목장에 소속시켜 목장에서 이들을 돌보게 했다. 또 1년에 2회 알파코스 영성훈련공동체 프로그램을 통해 영성을 체험하도록 했다. 알파코스 영성훈련 프로그램은 일박 이일 동안 수양관에서 성령을 체험하고 다양한 프로그램을 통해 사랑과 교제의 은혜를 흠뻑 체험하는 행복한 시간이다.

이렇게 새 가족반, 목장, 알파코스 등을 거친 새 가족은 교회에 정착하여 세례를 받았다. 세례를 받고 나면 늘샘교회에서 가장 중요한 훈련 과정인 제자훈련반에 지원할 수 있다. 제자훈련은 늘샘교회 사역의 핵심 훈련 프로그램이다. 제자훈련을 받고 나면 진정한 그리스도인에 대해 눈뜨게 되고 헌신하게 된다.

제자훈련을 받고 나면 사역훈련이 있다. 1년간의 사역훈련을 받으면 어떻게 교회 안에서 예수님처럼 섬기는 자가 되는가를 배우고 훈련하게 된다. 이들은 훈련을 통해 다양한 장소에서 섬기는 자로 세워져 간다. 이렇게 교회가 하나 되어 기도하며 전도하고 훈련을 해 나가니 초대교회처럼 믿는 자의 숫자가 늘어가고 부흥되는 은혜를 누리게 되었다. 이 모든 것이 하나님의 함께 하심이었으며 은혜였다.

준비하는 지혜

세계 최고 부자이자 애플의 창업주인 스티브 잡스는 죽기 전 자신의 과거를 회상하며 다음과 같은 메시지를 남겼다.

“나는 성공의 최정점에 도달했다. 다른 사람들 눈에는 내 삶이 성공의 전형으로 보일 것이다. 그러나 지금 이 순간, 병석에 누워 지난 삶을 회상해보면 내가 그토록 자랑스럽게 여겼던 주위의 갈채와 막대한 부는 임박한 죽음 앞에서 그 빛을 잃었고 그 의미도 다 상실했다.

어두운 방 안에서 생명 보조 장치에서 나오는 푸른빛을 물끄러미 바라보며 낮게 윙윙거리는 그 기계 소리를 듣고 있노라면 죽음의 숨결이 점점 가까이 다가오는 것을 느낀다.

이제야 깨닫는 것은 굶지 않을 정도의 부만 축적되면 돈 버는 일과 상관없는 다른 일에 관심을 가져야 한다는 사실이다. 그건 돈 버는 일보다는 더 중요한 뭔가가 되어야 한다. 쉬지 않고 돈 버는 일에만 몰두하다 보면 결과적으로 비뚤어진 인간이 될 수밖에 없다. 바로 나같이 말이다.

내가 평생 벌어들인 재산은 가져갈 도리가 없다. 내가 가져갈 수 있는 것이 있다면 오직 사랑으로 점철된 추억뿐이다. 그것이 진정한 부이며, 그것은 우리를 따라오고, 동행하며, 우리가 나아갈 힘과 빛을 가져다줄 것이다. 사랑은 수천 마일 떨어져 있더라도 전할 수 있다.

어떤 것이 세상에서 가장 비싼 침대일까? 그건 '병석'이다. 우리는 운전수를 고용하여 우리 차를 운전하게 할 수도 있고, 직원을 고용하여 우리를 위해 돈을 벌게 할 수도 있지만, 고용하더라도 대신 병을 앓게 할 수는 없다. 물질은 잃어버리더라도 되찾을 수 있지만 절대 되찾을 수 없는 것은 '지혜로운 삶'이다.

누구라도 수술실에 들어갈 즈음이면 진작 읽지 못해 후회하는 책 한 권이 있는데, 이름하여 '건강한 삶 지침서'이다. 현재 당신이 인생의 어느 시점에 이르렀든지 상관없이 때가 되면 인생이란 무대의 막이 내리는 날을 맞게 되어 있다. 가족과 부부 간의 사랑 그리고 이웃을 향한 사랑을 귀히 여겨라. 다른 사람을 소중히 여기고 자신을 잘 돌보기 바란다. 좀 더 인생을 지혜롭게 살지 못한 자신이 아쉬울 뿐이다."

지혜로운 자가 되어야 한다.

"너희 중에 누구든지 지혜가 부족하거든 후히 주시고 꾸짖지 아니하시는 하나님께 구하라 그리하면 주시리라"(약 1:5).

훗날
후손들이 물으면…

늘샘교회는 전 성도의 간절한 기도와 눈물과 땀과 헌신으로 지어졌다. 교회 구석구석 성도들의 기도와 눈물, 땀과 헌신의 흔적이 배이지 않은 곳이 없다. 종교 용지가 당첨되면서부터 아침저녁으로 교회에 모여 기도했고, 땅을 팔 때부터 인부들을 위해 커피를 대접했다. 늘샘교회는 사람의 힘으로 지어진 것이 아니라 전적으로 하나님의 은혜로 지어졌다. 하나님이 건물주가 되어주시고 현장 소장이 되어 주셨다. 늘샘교회는 주 예수 그리스도를 통해 하나님의 거룩한 뜻을 이루시기 위해 하나님이 친히 지으시고 세워 주신 주님의 교회이다. 늘샘교회는 개척할 때부터 하나님께서 우리에게 꿈과 비전을 주셨다. 그 꿈과 비전은 늘샘교회 7대 비전으로 구체화 되었다.

성경적인 기초 위에 세워지는 교회

균형 잡힌 삶이 있는 교회
성도를 훈련시켜 제자 삼는 교회
훈련된 평신도와 함께 사역하는 교회
건강한 소그룹이 정착되는 교회
지역사회를 복음으로 변화시키는 교회
주님의 지상명령에 헌신하는 교회

늘샘교회는 주님 오실 때까지 이처럼 건강한 교회로 세워져 갈 것이다. "예수께서 나아와 말씀하여 이르시되 하늘과 땅의 모든 권세를 내게 주셨으니 그러므로 너희는 가서 모든 민족을 제자로 삼아 아버지와 아들과 성령의 이름으로 세례를 베풀고 내가 너희에게 분부한 모든 것을 가르쳐 지키게 하라 볼지어다 내가 세상 끝날까지 너희와 항상 함께 있으리라 하시니라"(마 28:18~20).

늘샘교회는 모든 민족을 제자로 삼으라는 예수님의 지상 명령을 교회의 사명으로 삼는다. 교회의 존재 이유와 목적을 여기에 두고 나아갈 것이다. 오직 주 예수 그리스도의 복음을 증거하며 성령님만을 의지하는 교회가 되어 주님의 거룩한 뜻을 이루어 나가는 교회가 될 것이다. 모든 민족을 제자로 삼는 동시에 우리 민족, 우리 다음 세대를 전도하고 제자로 삼기 위해 제2의 교회를 세우는 마음으로 기도하고 노력할 것이다. 그리고 그 어려운 가운데 어떻게 이런 교회를 세웠느냐고 누가 물으면 꼭 말해 주어야 한다!

"이 성전은 이곳을 찾는 모든 이들과 인류에 공헌할 우리 후손들이 이곳에서 예수 그리스도를 믿어 하나님의 자녀가 되고, 믿음 안에서 꿈을 키우며, 어떤 고난과 어려움에도 좌절하지 않고 하나님의 뜻을 이루는 삶을 살게 하려고 눈물과 기도로 지어 유산으로 물려주었다고!"

이 성전은 이곳을 찾는 모든 이들과 인류에 공헌할 우리 후손들에게 믿음의 유산을 물려주기 위해 눈물과 기도로 지어졌습니다.

에필로그

네 사람

모래 위의 발자국

어느 날 밤 나는 한 꿈을 꾸었습니다. 주님과 함께 해변을 걷고 있는 꿈이었습니다. 하늘 저편에 내 인생의 장면들이 마치 영화의 화면처럼 지나갔습니다. 한 장면씩 지나갈 때마다 나는 모래 위에 난 두 쌍의 발자국을 보았습니다. 하나는 나의 것이었고 다른 하나는 주님의 것이었습니다.

인생의 마지막 장면이 비쳤을 때 나는 모래 위의 발자국을 돌아보았습니다. 내가 걸어온 길에 때때로 한 쌍의 발자국 밖에 없었던 때가 많다는 사실을 알았습니다. 그때가 나의 인생에서 가장 어렵고 슬픈 시기들이었다는 것도 알게 되었습니다. 그것이 몹시 마음에 걸려 나는 주님께 물었습니다.

"주님, 주님께서는 제가 당신을 따르기로 하면 항상 저와 동행하시겠다 하셨습니다. 그런데 지금 보니 제 삶의 가장 어려운 시기에는 한 쌍의 발자국 밖에 없습니다. 제가 주님을 가장 필요로 했던 시기에 주님께서는 왜 저를 버리셨는지 모르겠습니다."

나는 원망스러운 표정으로 주님께 항의했습니다. 그때 주님께서 나에게 말씀하셨습니다.

"나의 소중하고 소중한 아들아, 나는 너를 사랑하기 때문에 너를 버리지 않았단다. 네 시련과 고난의 시절에 한 쌍의 발자국만 보이는 것은 내가 너를 업고 간 때이기 때문이니라."

— 작자 미상

내 인생을 표현하는 시 같다. 나는 내가 혼자 살아온 것처럼 생각했지만 내 곁에는 항상 주님이 계셨다. 내가 힘들고 어려울 때 우리 주님은 나를 안고 가기도 하셨고 때로는 업고 가기도 하셨다. 내 인생의 순간 순간 주님이 함께하시지 않은 순간은 없었다.

다니엘의 세 친구 사드락과 메삭, 아벳느고가 바벨론에 포로로 잡혀갔다. 그곳에서 풀무불 속에 던져졌지만 불 속에서는 네 사람이 손을 잡고 춤추고 있었다.

"그때 느부갓네살 왕이 놀라 급히 일어나서 모사들에게 물어 이르되 우리가 결박하여 불 가운데에 던진 자는 세 사람이 아니었느냐 하니 그들이 왕에게 대답하여 이르되 왕이여 옳소이다 하더라 왕이 또 말하여 이르되 내가 보니 결박되지 아니한 네 사람이 불 가운데로 다니는데 상하지도 아니하였고 그 넷째의 모양은 신들의 아들과 같도다 하고 느부갓네살이 맹렬히 타는 풀무불 아귀 가까이 가서 불러 이르되 지극히 높으신 하나님의 종 사드락, 메삭, 아벳느고야 나와서 이리로 오라 하매 사드락과 메삭과 아벳느고가 불 가운데서 나온지라 총독과 지사와 행정관과 왕의 모사들이 모여 이 사람들을 본즉 불이 능히 그들의 몸을 해하지 못하였고 머리털도 그을리지 아니하였고 겉옷 빛도 변하지 아니하였고 불탄 냄새도 없더라."(단 3:24~27).

나의 인생길은 때때로 풀무불 같았다.
그러나 하나님은 나 같이 부족하고 못난 자를 참으로 선대해 주셨다.
그래서 나로서는 감사할 것밖에 없다. 비록 못나고 부끄러운 삶의 길이었지만, 우리 하나님이 함께해 주시고 인도해 주신 은혜를 모아서 간증서를 낼 수 있게 해 주시니 감사할 뿐이다.
혹시 이 책에 내 자랑이 조금이라도 나타났다면 그것은 내 부족한 인격 때문이다. 부디 용서를 바란다. 내가 여기까지 오는 과정은 마치 어린아이가 태어나서 초등학교에 들어갈 때까지 전적으로 부모의 돌봄에 의지하는 것처럼, 전적인 하나님의 도우심과 은혜 덕분이었다.
그래서 나의 고백은 언제나 이것뿐이다.
"나를 능하게 하신 그리스도 예수 우리 주께 내가 감사함은 나를

에필로그_네 사람

충성되이 여겨 내게 직분을 맡기심이니 내가 전에는 비방자요 박해자요 폭행자였으나 도리어 긍휼을 입은 것은 내가 믿지 아니할 때에 알지 못하고 행하였음이라 우리 주의 은혜가 그리스도 예수 안에 있는 믿음과 사랑과 함께 넘치도록 풍성하였도다"(딤전 1:12~14).